oekom verlag

Herausgegeben von oekom e.V. – Verein für ökologische Kommunikation

Dieses Buch wurde klimaneutral hergestellt.
CO_2-Emissionen vermeiden, reduzieren, kompensieren –nach diesem Grundsatz handelt der oekom verlag.
Unvermeidbare Emissionen kompensiert der Verlag durch Investitionen in ein Gold-Standard-Projekt.
Mehr Informationen finden Sie unter: www.oekom.de/nachhaltiger-verlag

Klimaneutral
Verlag
ClimatePartner.com/53585-1805-1001

BLAUER ENGEL
DAS UMWELTZEICHEN
MI6
www.blauer-engel.de/uz195
- ressourcenschonend und umweltfreundlich hergestellt
- emissionsarm gedruckt
- überwiegend aus Altpapier

Dieses Druckprodukt ist mit dem Blauen Engel ausgezeichnet

Bibliografische Information der Deutschen Nationalbibliothek: Die Deutsche Nationalbibliothek verzeichnet diese Publikation in der Deutschen Nationalbibliografie; detaillierte bibliografische Daten sind im Internet über http://dnb.d-nb.de abrufbar.

---

oekom verlag, Gesellschaft für ökologische Kommunikation mbH
Waltherstraße 29, 80337 München

Umschlaggestaltung, Layout und Satz: Lone Birger Nielsen
Lektorat: Anke Oxenfarth, Marion Busch

Druck: Westermann Druck Zwickau GmbH
Gedruckt auf 100% FSC-Recylingpapier (außen: Circleoffset White; innen: Circleoffset White), zertifiziert mit dem Blauen Engel (RAL-UZ 14)

ISBN: 978-3-96238-392-3

oekom e.V. – Verein für ökologische
Kommunikation (Hrsg.)

Moore

Trümpfe in der Klimakrise

Mitherausgegeben von
der Michael Succow Stiftung

politische ökologie | **Die Reihe für alle, die weiter denken**

Die Welt steht vor enormen ökologischen und sozialen Herausforderungen. Um sie zu bewältigen, braucht es den Mut, ausgetretene Denkpfade zu verlassen, unliebsame Wahrheiten auszusprechen und unorthodoxe Lösungen zu skizzieren. Genau das tut die *politische ökologie* mit einer Mischung aus Leidenschaft, Sachverstand und Hartnäckigkeit.

Die *politische ökologie* schwimmt gegen den geistigen Strom und spürt Themen auf, die oft erst morgen die gesellschaftliche Debatte beherrschen. Die vielfältigen Zugänge eröffnen immer wieder neue Räume für das Nachdenken über eine Gesellschaft, die Zukunft hat.

Herausgegeben wird die *politische ökologie* vom
oekom e.V. – Verein für ökologische Kommunikation.

Haben Sie in Ihrer Schulzeit auch noch gelernt „O schaurig ist's, übers Moor zu gehn"? Die bekannte Ballade von Annette von Droste-Hülshoff veranschaulicht das mulmige Gefühl, das so manche(n) beschleicht, wenn er oder sie an die nasse, manchmal modrig riechende Welt denkt. Aber wie kam das Moor zu seinem faszinierenden Grusel-Image? Dazu mag neben dichterischer Fantasie auch die Tatsache beigetragen haben, dass in intakten Mooren scheinbar feste Oberflächen nicht unbedingt begehbar sind und man dort tief einsinken könnte.

Trotzdem - oder gerade deswegen - zog es die Menschen schon immer ins Moor. Seit der Jungsteinzeit war das Moor ein Ort für unterschiedliche Rituale: Gefundene Waffen, Gebrauchsgegenstände oder Artefakte deuten darauf hin, dass man hier Geistern oder Gottheiten Opfer darbrachte und unterschiedliche Kulte praktizierte. Lange hat es gedauert, bis der Mensch gelernt hatte, die Ressourcen des Moores zu nutzen. Doch ab dem 17. Jahrhundert ging es dann umso schneller: Die in Jahrtausenden entstandenen Torfschichten wurden zügig abgebaut und der Großteil der Moore entwässert, um Weideland oder Ackerfläche zu gewinnen. Eine ziemlich kurzsichtige Strategie, denn Moore speichern weltweit etwa doppelt so viel CO_2 wie alle Wälder der Erde zusammen. Sie dienen auch dem Hoch- und Grundwasserschutz und sind Heimat vieler seltener Pflanzen und Tiere.

Den Verantwortlichen in Berlin und Brüssel ist mittlerweile zwar bewusst, dass sie natürliche Kohlenstoffspeicher wie Moore verlässlich schützen und renaturieren müssen. Zumal die Wiedervernässung von Moorböden einen wirksamen und kostengünstigen Beitrag zum Schutz des Klimas und zum Erhalt der Artenvielfalt leisten kann. Doch die praktische Umsetzung dieses Sinneswandels steckt bislang noch in den Kinderschuhen. Die Autor(inn)en der *politischen ökologie* nehmen Sie deshalb mit ins Moor, benennen die Schwachpunkte des bislang praktizierten Moorschutzes und plädieren für eine neue Nutzung von Moorböden. - Das ist gar nicht schaurig, sondern stimmt eher hoffnungsvoll!

Anke Oxenfarth
oxenfarth@oekom.de

Inhaltsverzeichnis

Moorgeister

Bohlenwege

Impulse

Spektrum Nachhaltigkeit

Rubriken

Für die gute Zusammenarbeit und die finanzielle Unterstützung danken wir der Michael Succow Stiftung und der Umweltstiftung Michael Otto.

Succow Stiftung

UMWELTSTIFTUNG MICHAEL OTTO

Zur Entstehung von Mooren

„Der Blick, den wir in die geognostischen Verhältnisse des Augstumalmoores gethan haben, enthüllt uns geologische Vorgänge, die sich mehr oder minder deutlich, mehr oder minder vollständig, wie wir meinen, bis zur fernen Zeit verfolgen lassen, wo das letzte Landeis Europas abschmolz. Als damit in diesem Teile Preußens die Postglacialzeit begann, nahm den östlichsten Teil der Kurischen Niederung ein Staubeckensee ein, dessen westliche Grenze der Rand des zurückweichenden Landeises bildete. Nachdem dieser See durch weiteren Rückgang des Eises trockengelegt war, folgte eine Zeit, in der sich die Niederung vermutlich vorübergehend mit Glacialpflanzen und anderen Graswiesen bedeckte. Bald aber rückten zahlreiche andere Pflanzen, auch Bäume und Sträucher, an. Die ersten sicheren Spuren der postglacialen Vegetation, die wir nachzuweisen vermochten, führten uns in die Zeit, wo die Föhre, die Eiche, die Erle und die Esche in der Kurischen Niederung bereits nebeneinander wuchsen. Wir erblickten um diese Zeit an der Stelle des Augstumalmoores einen See mit hellem, durch Schlamm mäßig getrübtem Wasser. Er verschwand infolge vermehrter Hebung des Landes, und an seiner Stelle erschien der ältere Bruchwald, in den zuletzt auch die Fichte einwanderte. Bei der nun eintretenden ersten Landsenkung wich der Bruchwald wieder einem mit braunem Torfwasser gefüllten See, dessen Ufer weite Rohrfelder und Seggen-Schwingrasen umrahmten. Unter dem Einflusse der zweiten Hebung schwand der morastige See, und auf dem Boden, der sich zu hoch erhob, um durch die Torfschichten das fruchtbare Wasser in ausgiebiger Weise nach oben zu leiten, entwickelten sich Mooswiesen, die sich unter dem Einflusse des zum Schlusse der zweiten Hebungsperiode feuchter werdenden Klimas zu dem Moosmoore entwickelten, das bis in die Gegenwart hineinragt, indem bei der zweiten Landsenkung nur seine tieferen Schichten durch den Einbruch unterirdischen Wassers beeinflusst wurden, seine Oberfläche aber unberührt blieb."

Quelle: Dr. C. A. Weber: Vegetation und Entstehung des Hochmoors von Augstumal im Memeldelta mit vergleichenden Ausblicken auf andere Hochmoore der Erde. Berlin, 1902, S. 244/245.

Archive der Landschaft

Moore speichern nicht nur Kohlenstoff, sondern auch Geschichte. Sie sind natürliche Archive. Die in Mooren abgelagerten Pollenkörner erzählen uns etwas über die Vergangenheit des jeweiligen Moores, der es umgebenden Landschaft und der Menschen, die dort gelebt haben.

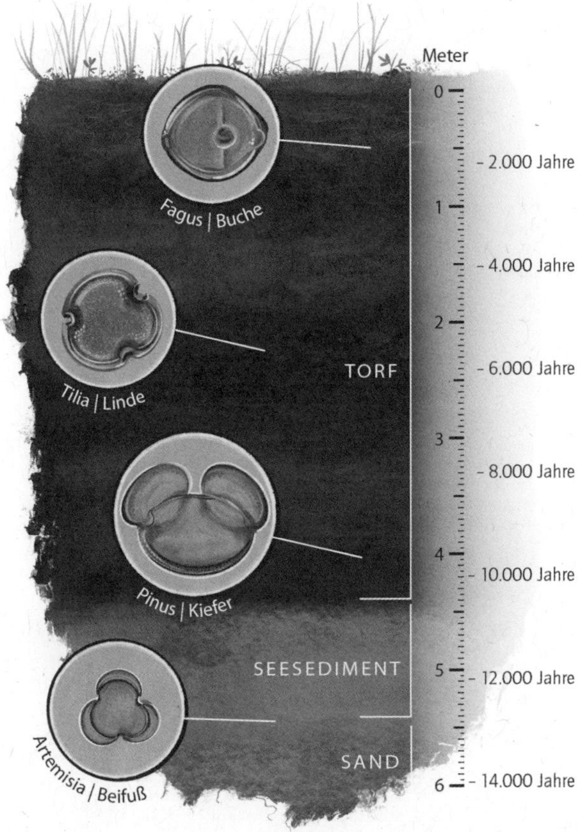

Quelle: www.succow-stiftung.de/fileadmin/Ablage/Dokumente/MoKli/210701_Poster_Ansichtsdatei_fertig_kl.pdf
Illustration: Sarah Heuzeroth, entwickelt mit dem Greifswald Moor Centrum.

Zurück in die Zukunft

Moore sind von großer Bedeutung für den Klimaschutz, weil sie große Mengen an Kohlenstoff in ihren Torfen speichern. Allerdings sind nur noch etwa zwei Prozent der Moore in Deutschland in einem natürlich nassen Zustand. Um sie land- und forstwirtschaftlich oder für den Torfabbau zu nutzen, wurden und werden Moore entwässert. Durch die Trockenlegung wird der Torf zersetzt und CO_2 emittiert, der Boden verliert kontinuierlich an Höhe. Insbesondere als Intensivgrünland und Acker genutzte Moorböden verursachen hohe Treibhausgas(THG)-Emissionen. Hierbei gilt: je tiefer der Wasserstand, desto höher die THG-Emissionen. Sie lassen sich nur durch eine Anhebung der Wasserstände reduzieren. So kann sich eine torfbildende Vegetation entwickeln und neuer Lebensraum für seltene Tier- und Pflanzenarten entstehen.

Natürliche Moore

Nur noch **2 %** der deutschen Moore sind intakt.

Quelle: www.succow-stiftung.de/fileadmin/Ablage/Dokumente/MoKli/210701_Poster_Ansichtsdatei_fertig_kl.pdf
Illustrationen: Sarah Heuzeroth, entwickelt mit dem Greifswald Moor Centrum.

Entwässerte Moore

7 % der landwirtschaftlichen Fläche (17.800 km²).
37 % der Treibhausgase aus der Landwirtschaft.

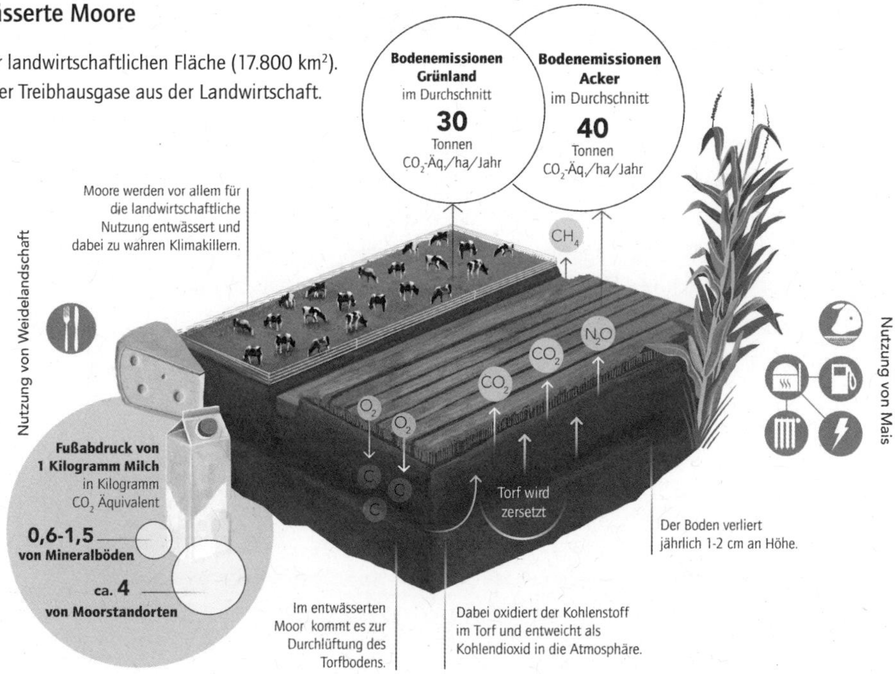

Moore mit Paludikultur

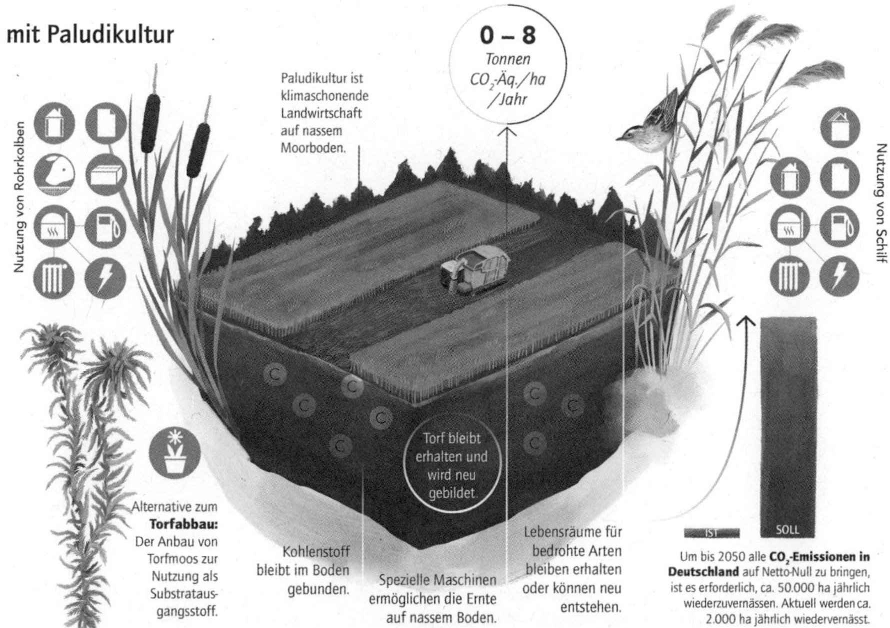

Landnutzung und Treibhausgasemissionen aus Mooren

Mit der Entwässerung der Moore wird der Torf belüftet. Je niedriger der mittlere Grundwasserspiegel, desto höher sind die Treibhausgasemissionen. Eine entwässerungsbasierte Moornutzung (z. B. Acker oder Saatgrasland) benötigt Wasserstände tiefer als minus 50 Zentimeter unter Flur, was mit Treibhausgasemissionen von mehr als 20 Tonnen CO_2-Äquivalenten pro Jahr verbunden ist. Liegen die mittleren Wasserstände bei durchschnittlich 120 Zentimeter unter Flur, ist von Treibhausgasemissionen von etwa 50 Tonnen CO_2-Äquivalenten pro Jahr auszugehen. Mit Anhebung der mittleren Wasserstände auf Flurhöhe und Anbau von Erlen, Schilf, Rohrkolben oder Torfmoos (Paludikultur) gehen die Treibhausgasemissionen auf ein Minimum zurück.

Wendelin Wichtmann (vgl. S. 66 ff.)

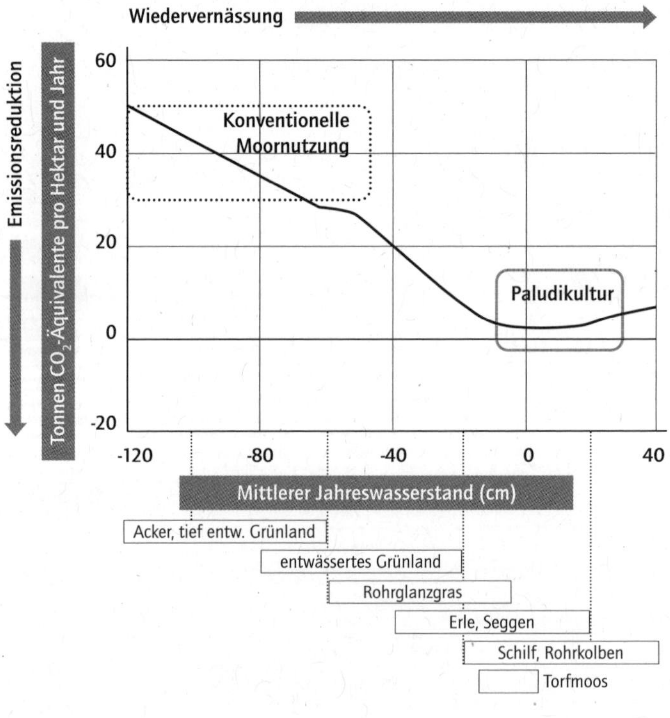

Quelle: Succow, M. / Jeschke, L. (2022): Deutschlands Moore. Ihr Schicksal in unserer Kulturlandschaft. Verlag Natur und Text, Rangsdorf. S. 473 ff.

Moorgebiete in Deutschland

Schleswig-Holstein

- In Schleswig-Holstein gibt es rund 145.000 Hektar Moore, das sind zehn Prozent der Landesfläche und 15 Prozent der landwirtschaftlich genutzten Fläche.
- Über 88 Prozent wurden entwässert. Sie emittieren rund drei Millionen Tonnen CO_2-Äquivalente pro Jahr.
- Bislang wurden gut 20.000 Hektar wiedervernässt.

www.stiftungsland.de/was-wir-tun/Klimaschutz/

Mecklenburg-Vorpommern

- Mecklenburg-Vorpommern hat knapp 300.000 Hektar Moore, das sind zwölf Prozent der Landesfläche.
- Über 90 Prozent wurden entwässert. Sie emittieren rund sechs Millionen Tonnen CO_2-Äquivalente pro Jahr.
- Bislang wurden gut 30.000 Hektar wiedervernässt.

www.z-eco.de

Niedersachsen

- In Niedersachsen gibt es rund 400.000 Hektar Moore, das sind acht Prozent der Landesfläche. Mehr als 70 Prozent der Moorflächen werden in einzelbetrieblicher Parzellierung bewirtschaftet.
- Über 90 Prozent wurden entwässert. Sie emittieren rund 12,3 Millionen Tonnen CO_2-Äquivalente pro Jahr.
- Bislang wurden gut 5.000 Hektar wiedervernässt.

www.umwelt.niedersachsen.de/startseite/themen/moorschutz/

Bayern

- Bayern hat circa 220.000 Hektar Moorflächen, das sind drei Prozent der Landesfläche.
- Über 95 Prozent wurden entwässert. Sie emittieren rund fünf Millionen Tonnen CO_2-Äquivalente pro Jahr.
- Seit 2008 wurden über 1.000 Hektar Moorfläche renaturiert.

www.naturvielfalt.bayern.de/arten_und_lebensraeume/moorschutz/index.html

Brandenburg

- Brandenburg hat 263.000 Hektar Moore (9 % der Landesfläche).
- 96 Prozent davon wurden entwässert. Sie emittieren rund 6,3 Milionen Tonnen CO_2-Äquivalente pro Jahr.
- Circa 3.000 Hektar sind noch in einem naturnahen Zustand. Wiedervernässt wurden bislang circa 4.000 Hektar.

https://lfu.brandenburg.de/lfu/de/aufgaben/boden/moorschutz/

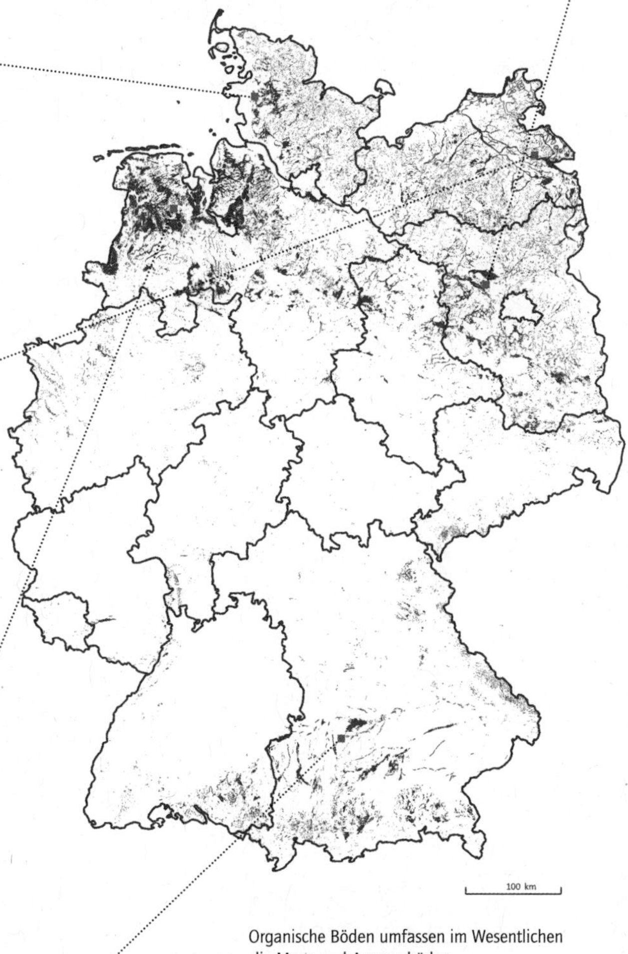

Organische Böden umfassen im Wesentlichen die Moor- und Anmoorböden.

_ Quelle: Tegetmeyer, C. / Barthelmes, K.-D. / Busse, S. / Barthelmes, A. (2021): Aggregierte Karte der organischen Böden (Moore und Anmoore) in Deutschland Greifswald Moor Centrum-Schriftenreihe 01/2021.

Moorschutz auf Landesebene

Drei Fragen, fünf Antworten

Moore gibt es hauptsächlich in den moorreichen Bundesländern der norddeutschen Tiefebene sowie in Bayern. Sie wurden fast vollständig großflächig und tiefgreifend entwässert. Das Ziel, möglichst alle Moore durch Wiedervernässung in einen naturnäheren Zustand zu versetzen, wird in den verschiedenen Bundesländern unterschiedlich angegangen. Ein kurzer Überblick.

1. Wie ist Moorschutz in der landeseigenen Naturschutzstrategie verankert?

M.-V.: In der Veröffentlichung „Erhaltung und Entwicklung der Biologischen Vielfalt in Mecklenburg-Vorpommern" werden Moore an 189 Stellen genannt. Die Bedeutung der Moore für die Biodiversität des Landes wird in eigenen Kapiteln dargestellt. Das Land hat seit 2000 ein kontinuierlich fortgeschriebenes Moorschutzkonzept, das ebenfalls die Bedeutung der Moore für den Naturschutz betont.

S.-H.: Der Moorschutz ist wesentlicher Bestandteil der Biodiversitätsstrategie „Kurs Natur 2030". Bereits seit 1990 läuft das integrierte Entwicklungskonzept für die besonders moorreiche Eider-Treene-Sorge-Region, ab dem Jahr 2000 folgten dann weitere Nieder- und Hochmoor-Programme. Die öffentlich-rechtliche Stiftung Naturschutz Schleswig-Holstein hat bisher 29.400 Hektar Moor- und Moorrandflächen erworben oder den Erwerb gefördert und arbeitet an ihrer Wiedervernässung.

Brandenburg: Der behördliche Moorschutz ist mehr in der Wasserwirtschaft verankert und wird auch vermehrt in den Klimaschutz integriert. In der naturschutzfachlichen Umsetzung hat die landeseigene Stiftung NaturSchutzFonds einen Moorschutzrahmenplan für besonders gefährdeten Moortypen 2007 publiziert. Auch für den Landesforst gibt es eine Implementierung des Moorschutzes. Moorschutz spielt in vielen Naturschutzvorhaben und insbesondere in EU-LIFE-Projekten und vom Bundesamt für Naturschutz (BfN) geförderten Großprojekten eine wichtige Rolle. Es fehlt aber noch eine konkrete strategische Handlungsanweisung für Fälle, in denen Naturschutz- und Moorschutzinteressen kollidieren. Erste Ansätze dazu gibt es beim Umgang mit Torf als Baumaterial bei Naturschutzvorhaben.

Niedersachsen: Ein Moorschutzprogramm gibt es seit 1981. Das Landesprogramm „Niedersächsische Moorlandschaften" wurde 2016 mit dem neuen Moormanagement-Rahmen „Klimarelevanz" geschaffen und mit folgenden Schwerpunkten definiert:

- Erhaltung und Verbesserung der ökologischen Funktionen von Mooren (Klimaschutz, Biologische Vielfalt, Gewässerschutz, Bodenschutz);
- Förderung von torfschonenden Bewirtschaftungsformen bei bestehenden Nutzungen.

Bayern: Moorschutz ist insbesondere im Bayerischen Naturschutzgesetz und im Klimaschutzgesetz verankert. Er ist eine tragende Säule der Bayerischen Klimaschutzoffensive, mit dem Ziel, den Freistaat bis 2040 klimaneutral zu machen. Ein zentraler Bestandteil ist der „Masterplan Moore" mit Maßnahmen auf staatlichen Flächen, einem Moorwildnis-, Moorwald- und Moorbauernprogramm.

2. Welche Moorschutz- und Wiedervernässungsprojekte gibt es?

M.-V.: Bereits früh hat Mecklenburg-Vorpommern begonnen, die Bedeutung naturbasierter Lösungen in den Vordergrund des Natur- und Klimaschutzes zu setzen. Dazu wurden die Ökowertpapiere Waldaktie (2007), MoorFutures (2011), Streuobstgenussschein (2015) und der HeckenScheck (2022) entwickelt. Ziel ist nicht nur die Akquise privater Mittel zur Unterstützung der Basisbiotope. Die Wertpapiere stellen auch effektive Kommunikationsinstrumente dar, die die gesellschaftliche Relevanz von Ökosystemleistungen erlebbar machen. Eine besondere Rolle wird in Mecklenburg-Vorpommern die nasse Nutzung der Flächen (Paludikultur) spielen.

S.-H.: Der Ankauf von Flächen mit Moorböden läuft seit 1978. Derzeit sind landesweit circa 20 konkrete Projekte in der Planung. Die Zertifikate Moorfutures® zum Ausgleich von CO_2-Emissionen wurden 2014 eingeführt. Mit dem „Programm zum Biologischen Klimaschutz" hat Schleswig-Holstein 2020 die Klimapunkte etabliert, mit denen die Stiftung Naturschutz den Mooreigentümer(inne)n das Vernässungsrecht an ihren Moorflächen abkauft. Im Klimafarm-Projekt werden über die kommenden zehn Jahre neue Formen der Nassbewirtschaftung von Moorböden erprobt und die Verwertung des Erntegutes als Wertschöpfungskette aufgebaut. Erste Maßnahmen sollen die Erzeugung von Graspapier und Pflanzenkohle sein. Weitere Ideen und Produkte sind geplant.

Brandenburg: Die bedeutendsten Moorschutzvorhaben fanden in den 1990er-Jahren statt. Dazu zählen Naturschutzgroßprojekte in der Nuthe-Nieplitz-Niederung und an den Uckermärkischen Seen in Trägerschaft von Födervereinen der Naturparke. Es gab auch mehrere EU-LIFE Projekte im Bereich der Naturparke Stechlin / Ruppiner Land, Dahme-Heideseen sowie der Biosphärenreservate Schorfheide-Chorin sowie in der Flusslandschaft Elbe in Trägerschaft der damaligen Landesanstalt für Großschutzgebiete (LAGS). Seit vielen Jahren führt auch die Stiftung NaturSchutzFonds Brandenburg Moorrenaturierungen durch.
Die Bilanz der Moorrenaturierung ist gemessen an den heutigen klimapolitischen Erfordernissen zu gering. In den letzten zehn Jahren wurden circa 1.800 Hektar vernässt. Die größten Einzelvorhaben waren die EU-LIFE-Projekte „Kalkmoore Brandenburgs" und „Schreiadler Schorfheide". Weiterhin zu nennen sind die „Moor-Futures" (Zertifikate) in Trägerschaft der Flächenagentur Brandenburg und mehrere durch das vom Landesamt für Umwelt und vom Ministerium für Landwirtschaft, Umwelt und Klimaschutz initiierte Paludikultur-Vorhaben, in denen die Transformation zur nassen Moorbewirtschaftung erprobt wird.

Niedersachsen: Moorschutz im Land muss sehr diverse Eigentumsverhältnisse und Interessen / Akteure einbeziehen, deshalb erfolgen Projekte für:
- Steuerungskenngrößen, die künftig je Gebiet Klimaschutz- und Renaturierungseffekte einheitlicher messbar machen;

- die Ausrichtung des Moorschutzes am zusammenhängenden Landschaftswasserhaushalt;
- schnell einsetzbare Pilotfunktionen unter anderem auf Landesforsten mit resultatbezogenen Natur- und Klimaschutzleistungen;
- effektive Torfersatzstoff-Konzepte durch bundesdeutschen Schwerpunkt der Torfabbau- und Substratindustrie.

Bayern: Gefördert werden Moorschutz- und Wiedervernässungsprojekte unter anderem durch das Klimaschutzprogramm 2050. Um seiner Vorbildfunktion gerecht zu werden, setzt der Freistaat vor allem Projekte auf staatlichen Moorflächen um. Neben zahlreichen kleineren Maßnahmen gibt es auch große Moorschutzprojekte: Mit dem Konzept „Klimaschutz durch Moorbodenschutz am Beispiel des Bayerischen Donaumooses" fördert der Freistaat bis 2030 den Erhalt von 2.000 Hektar Moorflächen in Bayerns größtem Niedermoor mit bis zu 200 Millionen Euro.

3. Welche Moorschutzziele gibt es bis 2030?

M.-V.: Ziel ist es, möglichst alle Moore bis 2040 wiederzuvernässen (Zielstellung Klimaneutralität in der aktuellen Koalitionsvereinbarung). Da Wiedervernässungsprojekte einen erheblichen Vorlauf haben, werden in der Dekade nach 2030 flächenmäßig vermutlich mehr Moore wiedervernässt als bis 2030.

S.-H.: Die Stiftung Naturschutz hat das Ziel, bis 2030 in den Mooren Schleswig-Holsteins eine Minderung der CO_2-Emissionen von jährlich rund 700.000 Tonnen zu erreichen. Für dieses Ziel müssen die Stiftungsmoore noch um 8.000 Hektar arrondiert werden. Zur Zeit ist der Bodenmarkt allerdings sehr fest. Darüber hinaus werden Strategien erarbeitet, die alle Moorbodenflächen projektieren.

Brandenburg: Gemäß der Bund-Länder-Zielvereinbarung Moorbodenschutz von 2021 hat Brandenburg bezogen auf seinen Moorflächenanteil eine Treibhausgaseinsparung von 710.000 Tonnen CO_2-Äquivalente pro Jahr zu erbringen. Ein Moorschutzprogramm fehlt in Brandenburg noch, ist aber bereits vom Landtag beauftragt. Derzeit befindet sich eine Moorschutzstrategie zur Untersetzung des brandenburgischen Klimaplans in der Abstimmung. Gemäß Klimaplan scheint die Wiedervernässung eines Großteils der brandenburgischen Moore geboten, um für die Sektoren „LULUCF" und „Landwirtschaft" mit der gemeinsamen Bilanzierung die Klimaneutralität zu schaffen.

Niedersachsen: Ziel ist, dass der Beitrag zur CO_2-Emmissionsminderung aus Mooren fachlich gesichert erfolgt und gesteigert wird.

Bayern: Bis 2040 sollen insgesamt 55.000 Hektar Moore als natürliche CO_2-Speicher renaturiert werden. Dazu wurden die finanziellen und personellen Ressourcen weiter verstärkt. Allein 2021 wurden in insgesamt 76 Mooren Maßnahmen zum Moorschutz gefördert. Das Bayerische Umweltministerium hat dafür über 20 Millionen Euro aufgewendet.

Autor(inn)en und Kontakte

Dr. Thorsten Permien
Ministerium für Klimaschutz, Landwirtschaft, ländliche Räume und Umwelt Mecklenburg-Vorpommern
E-Mail T.Permien@lm.mv-regierung.de

Dr. Walter Hemmerling / Ute Ojowski
Stiftung Naturschutz Schleswig-Holstein
E-Mail Walter.Hemmerling@stiftungsland.de
E-Mail Ute.Ojowski@stiftungsland.de

Lukas Landgraf / Jens Thormann
Landesamt für Umwelt Brandenburg
E-Mail Lukas.Landgraf@LfU.Brandenburg.de
Jens.Thormann@LfU.Brandenburg.de

Ludwig Stegink-Hindriks
Niedersächsische Landesforsten
E-Mail
Ludwig.Stegink-Hindriks@NLF.Niedersachsen.de

Dr. Anja Jaeschke
Bayerisches Landesamt für Umwelt
E-Mail Anja.Jaeschke@lfu.bayern.de

MOORBAD

Lange hat's gedauert, doch nun kommt offensichtlich Bewegung in den Schutz der Moore. Politik und Medien scheinen endlich verstanden zu haben, dass wir ohne die Renaturierung der Moorböden den Kampf gegen die Klimakrise nicht gewinnen können. – Hat eine neue Etappe im ambivalenten Verhältnis von Menschen und Moor begonnen? Wie sieht der rechtliche Rahmen für den Moorschutz in Deutschland und in der EU aus? Können Soziale Medien die nötige Wiedervernässung von Mooren pushen?

_Der Seggenrohrsänger lebt in nassen Niedermooren. Seit 2014 ist er in Deutschland nicht mehr nachweisbar. Seine Rückkehr wäre eine geflügelte Klimabotschaft

Illustration: Sarah Heuzeroth

Moorschutz – eine Einführung

Gemeinsam kann's gelingen

Moore sie sind Multitalente: effektive Kohlenstoffspeicher, Nieren der Landschaft, Biodiversitäts-Hotspots – jedoch nur, solange sie nass sind. Entwässert mutieren sie zu Treibhausgasschleudern. Obwohl Moore inzwischen mehr politische und gesellschaftliche Aufmerksamkeit erhalten, ist der Weg zu einem vernünftigen Schutz noch weit und steinig, aber machbar.

Von Greta Gaudig und Michael Succow

Die meisten unserer Moore sind entwässert, um Torf als Brennmaterial und Substratrohstoff abzubauen und insbesondere um sie land- und forstwirtschaftlich zu nutzen. Die »Urbarmachung« dieser Landschaften war eine große Errungenschaft unserer Vorfahren (vgl. S. 32 ff.), heute liefern die Moore oft Milch und Mais. Allerdings sind entwässerte Moore häufig Monokulturen, die Unmengen von Treibhausgasen emittieren. In Zeiten des menschengemachten Klimawandels ist Moorentwässerung ein Teil des Problems und nicht zukunftsfähig! Die Wiedervernässung der Moore ist ein bedeutender Beitrag, um dem Klimawandel mit naturbasierten Lösungen entgegenzuwirken. Die Umsetzung erfordert jedoch eine enorme Kraftanstrengung und geht nur zusammen mit allen Akteur(inn)en aus Politik, Land- und Wasserwirtschaft sowie Naturschutz, gemeinsam mit der Wissenschaft. In dieser Schwerpunktausgabe werden Wege aufgezeigt, die Herausforderungen, die sich dabei ergeben, zu meistern.

Moore entstehen in Landschaften mit Wasserüberschuss. Die Pflanzen, die hier wachsen und absterben, werden nur unvollständig zersetzt. Es entsteht Torf. Über die Jahrtausende sind so viele Meter mächtige Torfmoore entstanden oder haben Senken gefüllt. Das Kohlenstoffgerüst der Moorpflanzen wird zu Torf, wobei ein Teil des in den Pflanzen gebundenen Kohlenstoffs langfristig der Atmosphäre entzogen und gespeichert wird - jedoch nur, solange die Moore voll wassergesättigt sind.
Die Gesamtfläche der organischen Böden (zumeist Moore) in Deutschland beträgt circa 1.840.000 Hektar (ha), das sind etwa fünf Prozent der Landfläche. Sie enthalten etwa 1,3 Milliarden Tonnen Kohlenstoff in den obersten zwei Metern Torf. Von der Gesamtfläche organischer Böden in Deutschland werden derzeit über 90 Prozent weiterhin entwässert und sind mehr oder weniger in Nutzung. Dabei handelt es sich um 380.000 ha (21 %) für Ackerbau, 1.100.000 ha (60 %) Grünland, 20.000 ha (1 %) für den Torfabbau und weitere Flächen für die Forstwirtschaft, Siedlungen und den Verkehr. Nur circa vier Prozent der organischen Böden in Deutschland sind im naturnahen Zustand.
Weltweit nehmen Moore nur drei Prozent der gesamten Landfläche unserer Erde ein. Dabei speichern sie jedoch ein Drittel der auf den Landflächen gebundenen Kohlenstoffvorräte. Das sind schätzungsweise 600 Milliarden Tonnen Kohlenstoff und damit doppelt so viel wie in der Waldbiomasse auf 30 Prozent der Landfläche der Erde. Etwa zehn bis 15 Prozent der Moore weltweit sind entwässert.

Folgen der entwässerungsbasierten Moornutzung

Jedwede Form der Entwässerung von Mooren führt zu einer Belüftung der organischen Substanz und damit Oxidation und Freisetzung des Kohlenstoffs in Form von Kohlendioxid (CO_2). Je tiefer der Wasserstand unter der Geländeoberkante sinkt, desto mehr Sauerstoff kann in den Torfkörper eindringen und desto mehr CO_2 wird freigesetzt, das Moor schrumpft. Die entwässerten Moore Deutschlands verursachen derzeit jährlich 53 Millionen Tonnen CO_2-Äquivalente (t CO_2-Äq.), das sind sieben Prozent der gesamten Treibhausgasemissionen in Deutschland. In der EU und weltweit liegt dieser Anteil bei etwa fünf Prozent. Damit erzeugen Moore als relativ kleine Landflächen sehr hohe Emissionen. Mit einem Anteil von sieben Prozent an der landwirtschaftlich genutzten Fläche verursachen sie in Deutschland

37 Prozent aller landwirtschaftlichen Treibhausgasemissionen. In der EU nehmen die Moore nur drei Prozent der landwirtschaftlichen Flächen ein, erzeugen aber 25 Prozent der Emissionen.
Neben erheblichen Treibhausgasemissionen hat die Moorentwässerung auch eine Vielzahl weiterer ökologischer Schäden zur Folge. Hier ist zuerst der Moorschwund und damit insbesondere der Höhenverlust zu nennen, der in unseren Breiten bei intensiver Entwässerung und Landnutzung jährlich durchschnittlich ein bis zwei Zentimeter beträgt, im Laufe eines Menschenlebens (80 Jahre) also 80 Zentimeter bis 1,6 Meter. Insbesondere in Küstenbereichen, wo Moorflächen teilweise bereits unter dem Meeresspiegel liegen, führt das zur Zunahme von Hochwassergefahr, steigenden Kosten für den Hochwasserschutz und stärkerem Eindringen von Meerwasser in Grundwasserleiter, verstärkt durch die zunehmend trockenere Vegetationsperiode und den Meeresspiegelanstieg infolge des Klimawandels.

„Integratives Denken ist zentral: Moore müssen als Ganzes gedacht werden; Mensch und Moor sind eine kaum trennbare Einheit.“

Moorentwässerung führt zu veränderten bodenphysikalischen und bodenchemischen Eigenschaften. Durch Sackung, Schrumpfung und Mineralisierung verlieren diese Standorte die Eigenschaft, sich bei Wasseranfall auszudehnen und Wasser zurückzuhalten, sie verlieren ihren schwammsumpfigen Charakter. Der Wasserverlust in der Landschaft, der gerade in häufiger werdenden trockenen Jahren hochrelevant ist, hat Auswirkungen auf die Trinkwasserbereitstellung und den Fortbestand grundwassergespeister Moore. Mit der Entwässerung werden die Oberböden zu Stauschichten, Niederschläge können kaum noch versickern, es bildet sich Staunässe. Ein weiteres Umweltproblem ist die Gewässerbelastung als Folge der Stickstoffmineralisierung im oxidierenden Torf, intensiver Düngung und Auswaschung von

Nährstoffen in Oberflächengewässer (vgl. S. 73 ff.). Mit der Entwässerung von Mooren und der land- oder forstwirtschaftlichen Nutzung ist die einstige Lebensfülle wachsender Moore weitestgehend verschwunden, hochspezialisierte Moorarten sind ausgestorben oder stark gefährdet (vgl. S. 59 ff.).
Zudem hat die Entwässerung von Mooren erhebliche ökonomische Auswirkungen. Sie verursacht dauerhafte Kosten für den Erhalt, Betrieb und Neubau von Gräben, Dränagesystemen, Schöpfwerken, Pumpen und Deichen. Auf der anderen Seite werden die enormen Umweltschäden als Folge von Moorbodenentwässerung derzeit nicht nur toleriert, sondern durch umfangreiche Transferzahlungen im Rahmen der EU-Agrarförderung (ca. 410 Millionen Euro EU-Direktzahlungen) für Landnutzung auf entwässerten Mooren sogar noch unterstützt. Damit werden Anreize zur weiteren Freisetzung von CO_2 aus entwässerten Moorböden gesetzt - anstatt die Minderung von Treibhausgasemissionen zu fördern. Die Klimafolgekosten der derzeitigen entwässerungsbasierten landwirtschaftlichen Moorbodennutzung in Deutschland belaufen sich auf jährlich 7,2 Milliarden Euro (basierend auf 180 Euro pro Tonne CO_2). Diese Summe entspricht der Nettowertschöpfung der gesamten deutschen Landwirtschaft im Jahr 2018. Moorbodenschutz ist somit nicht nur für den Klimaschutz sinnvoll, sondern auch volkswirtschaftlich angebracht.

Die Lösung: Wiedervernässung

Die Emissionen aus entwässerten Mooren lassen sich relativ leicht reduzieren, indem durch Stopp der Entwässerungen und möglichst dauerhafte Anhebung des Grundwasserspiegels der Torfkörper wieder eine volle Wassersättigung erhält. Seit den 1980er-Jahren werden in Deutschland Moore wiedervernässt, bisher sind es circa 70.000 Hektar. In den überwiegenden Fällen wurden damit Naturschutzziele verfolgt, seit Anfang des 21. Jahrhunderts in zunehmendem Maße auch Klimaschutzziele. Aufgrund der Bodenverdichtung, Nährstoffverhältnisse, Wasserhaushaltsgegebenheiten und des nur eingeschränkt noch vorhandenen Artenspektrums ist die Wiederherstellung einstiger Zustände zumindest über die nächsten Jahrzehnte nur sehr selten zu erwarten.
Die Eutrophierung unserer Gesamtlandschaft erfordert ein möglichst jährliches Abernten der aufwachsenden Biomasse (Aushagerung). Wird die oberirdische

Biomasse in wiedervernässten Mooren abgeschöpft und stofflich oder energetisch genutzt (vgl. S. 66 ff.), spricht man von Paludikultur - abgeleitet vom lateinischen Wort palus (Sumpf, Morast).
Die Notwendigkeit einer Umstellung von entwässerungsbasierter auf eine »nasse« Landwirtschaft wird zunehmend erkannt, verursacht bei den Landwirt(inn)en aber große Unsicherheit: Sie befürchten einen Werteverlust ihrer Flächen, Einkommenseinbußen, Fehlinvestitionen. Deshalb ist klar, die derzeitigen Bewirtschafter(innen) entwässerter Moorböden dürfen bei der Umstellung auf Paludikultur nicht alleingelassen werden - ebenso wie früher die Entwässerung der Moore braucht heute die Paludikultur eine breite gesellschaftliche Anstrengung und direkte finanzielle Unterstützung. Es gibt bereits einige Leuchtturmprojekte, die die Machbarkeit von Paludikultur und die Nutzung der produzierten Biomasse eindrücklich zeigen, zum Beispiel ein sogenanntes Tiny House aus Paludikultur-Material oder die toMOO-Row-Initiative (vgl. S. 103). Zur Realisierung der Potenziale von Paludikultur bedarf es jedoch vieler weiterer Beispiele sowie begleitende Forschung. Seit Kurzem wächst das Engagement der Länder. Auch der Bund fördert seit 2021 großflächige Paludikultur-Pilotvorhaben in mehreren Bundesländern für zehn Jahre.

„Eine Bewirtschaftung bei hohen Wasserständen stellt einen Paradigmenwechsel dar und erfordert neue Konzepte, Nutzpflanzen und Technik sowie eine Veränderung der bisherigen Agrarförderung.“

In Deutschland gibt es aufgrund der föderalen Struktur bisher kein nationales Moorschutzprogramm, das Thema Moorschutz findet jedoch auch in der Politik immer mehr Beachtung. Die neue Moorschutzstrategie des Bundesumweltministeriums sowie die Zielvereinbarung zwischen Bund und Ländern zum Moorbodenschutz und das geplante Aktionsprogramm „Natürlicher Klimaschutz" sind aktuell wichtige Schritte, die Umsetzung von Moorschutz voranzutreiben (vgl. S. 38 ff. und 80 ff.). Zudem gibt es auf Länderebene Moorschutzprogramme und Förderrichtlinien (vgl. S. 17 ff.). Aufgrund der zumeist landwirtschaftlichen Nutzung der Moore nehmen auch die EU-Agrarförderungen Einfluss. Die Neuausrichtung der Gemeinsamen Europäischen Agrarpolitik (GAP) ab 2023 muss zur Transformation hin zu einer torferhaltenden Bewirtschaftung durch Paludikultur beitragen. Angesichts der Herausforderung einer flächenwirksamen Umsetzung sind zum einen ein breit aufgestellter Instrumentenkasten und zum anderen eine optimale Verknüpfung der verschiedenen Finanzierungsquellen von Landes-, Bundes- und EU-Ebene erforderlich, um eine optimierte Gesamtwirksamkeit zu entfalten (vgl. S. 87 ff.).

Hemmnisse, Herausforderungen und Hoffnungsschimmer

Das Ziel des Pariser Klimaabkommens (2015), den Temperaturanstieg auf möglichst 1,5 Grad Celsius zu begrenzen, muss eine grundlegende Änderung der Wirtschaftsweisen in allen Sektoren nach sich ziehen. Wegen ihrer disproportional hohen Treibhausgasemissionen sollten land- und forstwirtschaftlich genutzte Moorböden besonders schnell wiedervernässt werden, um die Reduktionsziele überhaupt erreichen zu können. Zugleich liefert Moorwiedervernässung vielfältigen Zusatznutzen für die Gesellschaft in Form ökologischer Leistungen. Moore haben das Potenzial, als naturbasierte Lösung dem Klimawandel entgegenzuwirken und zur Erreichung weiterer Umweltziele wie etwa Biodiversitäts- und Gewässerschutz beizutragen. Das Erreichen der Ziele des Pariser Klimaschutzabkommens ist ohne die Revitalisierung der Moore nicht möglich (vgl. S. 52 ff.).

Die für die Wiedervernässung der Moore notwendige Anhebung der Wasserstände erfordert große technische, ökonomische und soziale Anstrengungen. Angesichts der anthropogen bedingten hohen Nährstoffflüsse und Stoffumsetzungsprozesse, der Oberbodendegradierung, geringerem Niederschlag und längerer Trockenphasen sowie verringerter Grundwasserneubildung unter intensiv genutzten Ackerstandorten und Kunstforsten mit Koniferen, wird der Fortbestand naturnaher Moore und die Wiedervernässung entwässerter Moore erschwert, bleibt aber dennoch notwendig. Dabei hilft ein räumlich differenzierter, partizipatorisch entwickelter

Transformationspfad, der als Vorschlag für Deutschland ausgearbeitet vorliegt. (1) Ein solcher Pfad kann Planungssicherheit schaffen und Zwischenziele festlegen, die adaptiv zu erreichen und von physischen Notwendigkeiten und gesellschaftlichen Möglichkeiten geprägt sind.

Eine Vielzahl von Maßnahmen muss in verschiedenen Gesellschaftsbereichen von unterschiedlichsten Akteuren in Kooperation umgesetzt werden. Dabei ist integratives Denken zentral: Moore müssen als Ganzes gedacht werden; Mensch und Moor sind eine kaum trennbare Einheit. Eine besondere Aufgabe besteht für die Landwirtschaft. Wo wasserwirtschaftliche, sozioökonomische und naturschutzfachliche Rahmenbedingungen dies erlauben, ist die Moorbewirtschaftung baldmöglichst auf Paludikultur umzustellen. In den letzten Jahren haben Projekte praxisreife und ökonomisch vielversprechende Verfahren zu einer torferhaltenden Moornutzung aufgezeigt. Sie müssen nun auf großer Fläche umgesetzt werden.

Notwendig für eine großflächige Moorwiedervernässung sind nicht nur finanzielle, sondern auch umfangreiche personelle Kapazitäten. Bisherige Strukturen reichen nicht aus, um die Aufgaben zu bewältigen. Deshalb hat die Stadt Greifswald kürzlich eine Moormanagerin eingestellt, die auf städtischen Flächen Klimaschutz durch Moorschutz umsetzen soll. In Niedersachsen gibt es seit 2017 die „Kompetenzstelle Paludikultur". Wichtig ist zudem grundsätzlich eine breit angelegte Ausbildungsoffensive, mit der bestehende Strukturen in Wasserbehörden, Landgesellschaften, Landwirtschaft, Beratungsinstitutionen gestärkt und Praktiker(innen) ausgebildet werden.

Um bis 2050 die anthropogen bedingten CO_2-Emissionen aus Mooren in Deutschland einzusparen, ist es erforderlich, entlang eines Transformationspfades jährlich circa 50.000 Hektar wiederzuvernässen, europaweit sind es circa 1.000.000 Hektar pro Jahr. Damit muss heute begonnen werden, um große Belastungen aller Akteure durch Vernässung sehr viel größerer Flächen erst zur Mitte des Jahrhunderts zu vermeiden und eine gesellschaftliche und wirtschaftliche Anpassung zu ermöglichen. Eine Bewirtschaftung bei hohen Wasserständen stellt einen Paradigmenwechsel dar und erfordert neue Konzepte, Nutzpflanzen und Technik sowie eine Veränderung der bisherigen Agrarförderung. Die Herausforderungen im Moorschutz sind nur zu meistern, wenn möglichst viele Akteure über die Thematik und ihre Hintergründe informiert sind, im Moorschutz Anreize für eigenes Handeln erkennen und im eigenen Handlungsfeld an einem Strang ziehen. (2)

Anmerkungen

(1) www.mires-and-peat.net/pages/volumes/map27/map2705.php

(2) Succow, M. / Jeschke L. (2022): Deutschlands Moore. Ihr Schicksal in unserer Kulturlandschaft, Natur + Text Verlag, Rangsdorf. Eine ausführlichere Liste der verwendeten Quellen stellen die Autor(inn)en gerne auf Anfrage zur Verfügung.

Welche schlechte Angewohnheit würden Sie gern im Moor versenken?

a) Ungeduld -"... gehört zu den Haupthindernissen auf dem Pfad" (Dalai Lama); aber wir haben doch keine Zeit mehr zu verlieren!

b) Gern würde ich die Gebrechen des Altwerdens im Moor versenken - und durch ein Moorbad wieder jung und frisch werden.

Zu den Autor(inn)en

a) Greta Gaudig, ist Diplom-Biologin und leitet das Greifswald Moor Centrum. Sie ist als wiss. Mitarbeiterin der Arbeitsgruppe „Moorkunde und Paläoökologie" am Institut für Botanik und Landschaftsökologie der Universität Greifswald tätig in Projekten zur Torfmoos-Paludikultur, über die sie auch promoviert hat.

b) Michael Succow ist emeritierter Professor für Geobotanik und Landschaftsökologie der Universität Greifswald, wo er den Schwerpunkt Moorökologie aufbaute. Der engagierte Naturschützer initiierte als stellvertretender Umweltminister in der Endphase der DDR das Nationalparkprogramm und wurde u. a. dafür 1997 mit dem Right Livelihood Award ausgezeichnet. Mit dem Preisgeld gründete er 1999 die Michael Succow Stiftung. Er hatte zahlreiche Ehrenämter und wiss. Beiratsfunktionen auf nationaler und internationaler Ebene inne.

Kontakt

Dr. Greta Gaudig
Greifswald Moor Centrum
E-Mail greta.gaudig@greifswaldmoor.de

Prof. em. Dr. Michael Succow
Michael Succow Stiftung
E-Mail michael.succow@succow-stiftung.de

Mensch und Moor in der Moderne

Die Geschichte einer komplizierten Beziehung

Die Historie der menschlichen Moornutzung hat es in sich: staatlicher Gestaltungswille, elitäres Sendungsbewusstsein sowie eine wachstumsorientierte Agrar- und Forstwirtschaft haben Moore in Europa teilweise bis zur Unkenntlichkeit verändert. Ein zukunftsgewandter Blick in die Vergangenheit der Moore.

Von Katja Bruisch

Mensch und Moor in der Moderne – das ist eine Geschichte von Illusionen und Zerstörung, von Verdrängen und Vergessen, von schmerzhaftem Erinnern und zaghaftem Neuanfang, kurz: die Geschichte einer komplizierten Beziehung mit ungewissem Ausgang. Diese Geschichte zu schreiben ist, so könnte man sagen, ein Stück Beziehungsarbeit. Und vom Erfolg dieser Beziehungsarbeit hängt wiederum einiges ab. Moore sind wichtige Kohlenstoffspeicher und -senken, Wasserregulatoren und Lebensräume für seltene Pflanzen und Tiere. Bei der Suche nach Antworten auf die Klimakrise und das Artensterben kommt intakten Moorlandschaften folglich eine zentrale Rolle zu (vgl. S. 52 ff. und S. 59 ff.).

Zwar erfährt der Schutz der Moore in den Medien und der Politik derzeit einigen Zuspruch. Historisch gesehen ist er jedoch alles andere als selbstverständlich. In Europa waren die großflächige Trockenlegung von Mooren für die Land- und Forstwirtschaft sowie der kommerzielle Torfabbau über Jahrhunderte deutlich salonfähiger. Gelehrte, Bürokraten und Staatsoberhäupter sahen in der wirtschaftlichen

Erschließung von Moorlandschaften ein Mittel zur Mehrung von Reichtum und einen Weg zur »Zivilisierung« von Menschen und Natur. Ihre Vision für die Zukunft der Moore verstanden sie mitunter explizit als Gegenentwurf zu bestehenden, weniger invasiven Formen der Moornutzung, wie etwa dem Jagen, Fischen oder dem Sammeln von Beeren und nützlichen Pflanzen. Die Geschichte von Mensch und Moor in der Moderne ist damit auch eine Geschichte über das Verhältnis von Eliten und einer breiteren Bevölkerung, deren Lebensweise – wie die Landschaft, in der sie lebten – als unzivilisiert und fortschrittshemmend angesehen wurde.

Trockenlegung zur Korrektur einer fehlerhaften Natur

Die Trockenlegung von Mooren für die Landwirtschaft ist eine Kulturtechnik, deren Geschichte mehrere Jahrtausende zurückreicht. In der Moderne waren zwei Parameter entscheidend: der Topos von den Mooren als nutzlosen Landschaften, die durch menschliches Eingreifen »verbessert« werden sollten, und die zentrale Rolle staatlicher Bürokratien bei der Planung und Durchführung von Maßnahmen zur Landgewinnung. (1) Die Trockenlegung des Oderbruchs unter Friedrich II., die Arbeiten der Bog Commission, die seit 1908 im Auftrag der britischen Regierung die Moore Irlands vermaß und umfangreiche Dränagepläne erstellte, oder die 1873 von Russland eingesetzte Expedition zur Trockenlegung der Sümpfe Polesiens stehen stellvertretend für die Symbiose aus aufgeklärtem Fortschrittsglauben, staatlichem Gestaltungswillen und elitärem Sendungsbewusstsein, die im 18. und 19. Jahrhundert den Umgang mit Moorlandschaften und der dort lebenden Bevölkerung in vielen Teilen Europas bestimmte. (2)

Über die Grenzen von politischen Ideologien und Systemen hinweg fand die Trockenlegung von Mooren auch im 20. Jahrhundert breiten Zuspruch. In der Zwischenkriegszeit legten etwa die Regierungen Polens, der Weimarer Republik oder der Niederlande Programme zur »inneren Kolonisierung« auf. Die Dränage ging in dieser Zeit mit aktiver Siedlungspolitik einher, bei deren Umsetzung Siedler(innen) anhand von Kriterien der sozialen, politischen oder auch der ethnischen Zugehörigkeit ausgewählt wurden. In den 1930er-Jahren verbanden die Nationalsozialisten Pläne für die Kolonisierung von Moorlandschaften mit Konzepten der ethnischen Homogenisierung und dem Ziel der territorialen Expansion in Osteuropa. Auch

wenn ihre Pläne zur Trockenlegung der Pripjatsümpfe nie zur Ausführung kamen, wurden diese während des deutschen Eroberungs- und Vernichtungskriegs zu Schauplätzen rassistisch motivierter Massenmorde. Moderne Moorgeschichte ist daher auch eine Geschichte von Herrschaft und extremen Gewaltverbrechen.
Nach dem Zweiten Weltkrieg folgten Maßnahmen zur Trockenlegung zunehmend pragmatischen Motiven. In Finnland, der BRD und der DDR gab es kurzzeitig Programme zur Gewinnung von Land, um Siedlungen für Flüchtlinge und Vertriebene zu bauen. Der Wunsch nach einer Erhöhung der Produktivität ländlicher Wirtschaftszweige prägte den Umgang mit Mooren in den Nachkriegsjahrzehnten jedoch deutlich stärker. Während großflächige Dränagearbeiten in Finnland mit Blick auf die exportorientierte Holzwirtschaft durchgeführt wurden, richtete sich die umfassende staatliche Förderung der Melioration in Frankreich und Großbritannien vor allem an die Landwirtschaft. Die Sowjetunion schuf Mitte der 1960er-Jahre sogar ein Meliorationsministerium. Dieses war unter anderem mit der Planung und Ausführung von großflächigen Programmen zur Ableitung vermeintlich überschüssigen Wassers aus Mooren in Nord- und Zentralrussland, im Baltikum, der Ukraine und in Belarus betraut und sollte so der sozialistischen Lebensmittelproduktion auf die Sprünge helfen. Markt- und Planwirtschaften behandelten Moore also gleichermaßen als Ressourcen ihrer wachstumsorientierten Agrar- und Forstwirtschaft. (3)

Torf: ein vergessener Brennstoff des fossilen Zeitalters

Auch als Brennstofflagerstätten fanden Moore in der Vergangenheit viel Aufmerksamkeit. Archäologische Funde belegen die Nutzung von Torf als Energieträger schon für das Neolithikum. In den meisten Teilen Europas blieb der Torf jedoch lange unbeachtet. Lediglich in waldarmen Regionen gab es intensive vormoderne Torfnutzung. In Irland etwa war Torf seit dem Mittelalter ein bedeutender Energieträger. Für Belgien gehen Belege für eine kommerzielle Torfnutzung ebenfalls auf das Mittelalter zurück. (4)
Dass der Torf auch im Kontext des fossilen Zeitalters eine wichtige Rolle spielte, ist weitgehend in Vergessenheit geraten. Die großflächige Nutzung von Torf als Energieträger während des so genannten Goldenen Zeitalters der Niederlande im 16. und 17. Jahrhundert gilt weithin als ein kurioser historischer Sonderfall. Tatsächlich

erlebte der Torfabbau in den Niederlanden jedoch im späten 19. Jahrhundert einen deutlichen Aufschwung und erreichte historische Höchstwerte – mitten im »Zeitalter der Kohle«. Auch für andere Länder gibt es Belege, dass Torf ausgerechnet während der Industrialisierung vermehrt zum Einsatz kam oder sogar neu als Energieträger entdeckt wurde. In Irland und der Sowjetunion war er bis in das späte 20. Jahrhundert eine wichtige Säule der Stromerzeugung. In Finnland und Schweden hatte er zudem lange einen festen Platz in der kommunalen Wärmeversorgung. (5)

„Die Degradierung von Moorlandschaften und die Emissionen aus der energetischen Nutzung von Torf gehören ohne Zweifel zum komplexen ökologischen Erbe des fossilen Zeitalters.“

Ein Blick in die Vergangenheit der Moore lädt uns dazu ein, neu über die Geschichte fossiler Energieträger nachzudenken. Aufgrund seiner im Vergleich zu Kohle, Öl oder Gas geringeren Energiedichte wird der Torf häufig als „minderwertiger", mitunter sogar als „vormoderner" Brennstoff beschrieben. Es war jedoch der rasant ansteigende Energiebedarf im Zuge der Industrialisierung, der den großflächigen und zunehmend maschinellen Abbau von Torf bedingte. Die Geschichte der Moore verweist somit auf die Grenzen simpler Narrative und fordert dazu auf, von der Idee eines energiegeschichtlichen Dreischritts (von Holz zu Kohle zu Öl/Gas) Abstand zu nehmen. Stattdessen benötigen wir regional differenzierte Darstellungen, die scheinbar randständige Phänomene, wie etwa die bis weit in das 19. und in manchen Regionen Europas sogar bis in das 20. Jahrhundert anhaltende Relevanz von Brennholz oder eben auch die Nutzung von Torf als Brennstoff, explizit als Teil der modernen Energiegeschichte anerkennen. Die Degradierung von Moorlandschaften und die Emissionen aus der energetischen Nutzung von Torf gehören ohne Zweifel zum komplexen ökologischen Erbe des fossilen Zeitalters.

Entwässerung und Torfabbau haben sich tief in die Landschaften Europas eingeschrieben. Gräben und Kanäle erinnern weithin an die Bedeutung der Dränage für Umwelt, Wirtschaft und Gesellschaft in ländlichen Regionen. Torfabbaustätten, viele von ihnen inzwischen stillgelegt, verweisen ebenfalls auf eine Geschichte der Zerstörung von Feuchtgebieten.

Moore als Schauplätze und Akteure des Klimawandels

Dränage und intensive Nutzung haben aus den Kohlenstoffspeichern und -senken aktive Kohlenstoffemittenten gemacht. Weltweit gehen etwa fünf Prozent der anthropogenen Treibhausgasemissionen auf degradierte Moore zurück. Darüber hinaus sind solche Flächen extrem anfällig für die Folgen der globalen Erwärmung. Von Großbritannien bis Russland sind lange anhaltende Schwelbrände auf entwässerten Moorböden keine Ausnahmeerscheinung mehr. Moore, die durch menschliche Intervention mitunter bis zur Unkenntlichkeit verändert wurden, sind also sowohl Akteure als auch Schauplätze des Klimawandels.

Doch in den zerstörten Mooren liegt auch eine Chance. Die aktive Wiedervernässung ist inzwischen weithin als Instrument des Klimaschutzes anerkannt. Es wäre irreführend zu glauben, solche Maßnahmen könnten einen natürlichen Ausgangszustand wiederherstellen. (Vgl. S. 66 ff.) Biologisch und geochemisch unterscheiden sich wiedervernässte Moore meist von Mooren, die nicht trockengelegt wurden. Abgesehen davon ist die Idee eines historischen »Urzustandes« natürlich eine Fiktion, schließlich befinden sich Moore auch ohne menschliches Einwirken ständig im Wandel. Entscheidend ist jedoch, dass die Wiedervernässung die Emission von CO_2 unterbrechen und mitunter sogar die Rolle von Mooren als Kohlenstoffsenken wieder herstellen kann. (6) Aktiver Moorschutz muss folglich am Anfang stehen, wenn es darum geht, die komplizierte Beziehung zwischen Mensch und Moor zu einer Partnerschaft zu machen.

Anmerkungen

(1) Di Palma, V. (2014): Wasteland. A History. New Haven.

(2) Blackbourn, D. (2006): The Conquest of Nature. Water, Landscape and the Making of Modern Germany. New York; Bruisch, K. (2019): The State in the Swamps. Territorialization

and Ecosystem Engineering in the Western Provinces of the Late Russian Empire. In: Zeitschrift für Ostmitteleuropa-Forschung (68:3/2019), S. 345-368; Horner, A. (2005): Napoleon's Irish Legacy. The Bogs Commissioners, 1809-14. In: History Ireland (5/2005).
(3) Bruisch, K. / Van de Grift, L. (2022): Reclaiming the Land. The Drainage Paradigm and the Making of Twentieth-Century Rural Europe. In: Van de Grift, L. / Müller, D. / Unger, C. (Hrsg.): Living with the Land. Rural and Agricultural Actors in Twentieth-Century Europe – A Handbook. Oldenbourg (im Druck).
(4) Joosten, H. / Tanneberger, F. (2017): Peatland Use in Europe. In: Joosten, H. / Tanneberger, F. / Moen, A. (Hrsg.): Mires and Peatlands in Europe. Status, Distribution and Conservation (Stuttgart), S. 151-172.
(5) Kander, A. / Malanima, P. / Warde, P. (2013): Power to the People. Energy in Europe over the Last Five Centuries. Princeton, S. 62; Sirin, A. et al (2017): Russian Federation (European Part). In: Joosten et al.: Mires and Peatlands, S. 589-616;
https://www.worldenergy.org/assets/images/imported/2013/10/WER_2013_6_Peat.pdf.
(6) Kreyling, J. et al. (2021): Rewetting does not return drained fen peatlands to their old selves.
In: Nature Communiciations (12:5693); Günther, A. et al. (2020): Prompt rewetting of drained peatlands reduces climate warming despite methane emissions. In: Nature Communications (11:1644).

Welche schlechte Angewohnheit würden Sie gern im Moor versenken?

Keine Angewohnheit, aber ein verführerisches Objekt: Schokolade – falls ich in 1.000 Jahren etwas Süßes brauche.

Zur Autorin

Katja Bruisch studierte Osteuropäische Geschichte und Volkswirtschaftslehre. Nach mehrjähriger Forschungstätigkeit am Deutschen Historischen Institut in Moskau lehrt sie seit 2016 Umweltgeschichte am Trinity College Dublin.

Kontakt

Dr. Katja Bruisch
Trinity College Dublin,
Department of History
E-Mail BRUISCHK@tcd.ie

Rechtlicher Rahmen in der EU und in Deutschland

Kein Klimaschutz ohne Moorschutz

Intakte Moore binden hochwirksam Kohlenstoff unter Wasser. Die nationale Moorschutzstrategie in Deutschland soll diese Funktion der Feuchtgebiete sichern. Um Klima- und Naturschutz in Einklang zu bringen, wäre ein erster Moor-Nationalpark von Nutzen.

Von Sabine Schlacke und Frederick Qasem

Die EU hat sich mit ihrem Klimagesetz dazu verpflichtet, bis zum Jahr 2050 die Klimaneutralität zu erreichen. Deutschland hat sich verpflichtet, bereits bis 2045 treibhausgasneutral zu sein. Da die Treibhausgas(THG)-Emissionen derzeit aber nicht in allen Sektoren auf null reduziert werden können, nimmt die Bedeutung von natürlichen THG-Senken zu. Naturnahe Moore sind solche Senken: Sie speichern etwa ein Drittel des erdgebundenen Kohlenstoffs, obgleich sie lediglich drei bis vier Prozent der terrestrischen Erdoberfläche bedecken. (1) Gleichzeitig können Moore – wenn sie trockengelegt wurden – große Mengen THG in die Atmosphäre freisetzen und so erhebliche THG-Quellen darstellen. Vielfach wurden und werden Moorflächen drainiert, um sie insbesondere für die land- und forstwirtschaftliche Produktion urbar zu machen. Heute gelten in Europa zehn Prozent der ursprünglichen Moore als verloren und 48 Prozent der noch übrigen Moore als von

Trockenlegung geschädigt. In Deutschland sind 92 Prozent der ursprünglichen Moorböden entwässert. Sie stoßen jährlich 53 Millionen Tonnen Kohlendioxidäquivalent (CO_2-Äquivalent) aus, das entspricht etwa 6,7 Prozent der gesamten deutschen THG-Emissionen.
Neben der Bedeutung für das Klima sind Moore wertvolle Lebensräume für bedrohte Tier- und Pflanzenarten und erfüllen wichtige Funktionen des Wasserhaushaltes. Moore bieten damit essenzielle Ökosystemleistungen. Die Drainage von Mooren hat nicht nur erhebliche negative Auswirkungen auf die THG-Bilanz, sie schädigt zudem die moortypische Biodiversität und verändert regionale Artenzusammensetzungen und Wasserkreisläufe (vgl. S. 59 ff).

Synergieeffekte zwischen Arten- und Klimaschutz nutzen

Um der Bedeutung von Mooren für die Ökosysteme hinreichend Rechnung zu tragen, sind zu ihrem Schutz sowohl Maßnahmen des Klimaschutzes als auch solche des Naturschutzes erforderlich. Der gemeinsame Bericht der Zwischenstaatlichen Plattform für Biodiversität und Ökosystem-Dienstleistungen (Intergovernmental Science-Policy Platform on Biodiversity and Ecosystem Services, IPBES) und des Zwischenstaatlichen Ausschusses für Klimaänderungen (Intergovernmental Panel on Climate Change, IPCC) betont hierbei die Notwendigkeit von solchen Maßnahmen, welche die Synergieeffekte zwischen Arten- und Klimaschutz nutzen. (2)
Insbesondere naturbasierte Lösungen können sowohl dem Klimaschutz und der Klimaanpassung als auch dem Schutz der biologischen Vielfalt dienen. So empfiehlt der Wissenschaftliche Beirat der Bundesregierung Globale Umweltveränderungen (WBGU) in seinem Hauptgutachten von 2020, degradierte Moore als eine vergleichsweise risikoarme und kostengünstige Mehrgewinnstrategie zu renaturieren und allgemein terrestrische Schutzgebiete auszuweiten und aufzuwerten. (3)
Sowohl der europäische als auch der deutsche Gesetzgeber haben die Senkenwirkung von Mooren berücksichtigt: Für den Landnutzungssektor, der alle natürlichen Senken erfasst, sieht die Verordnung zu Landnutzung, Landnutzungsänderung und Forstwirtschaft (Land Use, Land Use Change and Forestry, LULUCF) bis zum Jahr 2025 eine sogenannte No-Debit-Regelung vor. Danach sind die Mitgliedstaaten verpflichtet, keine Nettoemissionen zu erzeugen. Jährliche Senkenziele sind erst-

„Insbesondere die aufgrund der FFH-Richtlinie eingerichteten Schutzgebiete gelten häufig als zahnlose Tiger, da oftmals eine intensive Bewirtschaftung zulässig bleibt.“

mals für den Zeitraum von 2026 bis 2030 vorgesehen. (4) Für Deutschland wurde für das Jahr 2030 eine Senkenleistung von 30,84 Millionen Tonnen CO_2-Äquivalent vorgeschlagen. Für den Zeitraum nach 2035 sollen im LULUCF-Sektor ausschließlich Negativemissionen erzeugt werden.

Der Bundesgesetzgeber hat dies Mitte 2021 im Klimaschutzgesetz für den Landnutzungssektor verankert. Danach soll der Mittelwert der jährlichen Emissionsbilanz schrittweise bis zum Jahr 2045 auf mindestens minus 40 Millionen Tonnen CO_2-Äquivalent verbessert werden. Die THG-Emissionen aus Moorböden sollen dabei laut der nationalen Moorschutzstrategie (Ziel Nr. 4.2.2 lit. A) bis 2030 um mindestens fünf Millionen Tonnen CO_2-Äquivalent gesenkt werden. Diese Senkenziele sind jedoch bloße Zielvorgaben; ihre Umsetzung obliegt der Bundesregierung. Sie soll konkrete Maßnahmen ergreifen und Rechtsverordnungen erlassen. Bislang fehlt zudem eine Verknüpfung des LULUCF-Sektors mit den nationalen THG-Reduktionszielen (65 % THG-Reduktion bis 2030 und Klimaneutralität bis 2045) und den sektroralen THG-Jahresemissionsbudgets: Bei Verfehlung der Senkenziele des Bundesklimaschutzgesetzes erfolgen keine Sanktionen etwa in Form der Pflicht zum Erlass von Sofortprogrammen durch die Bundesregierung. Wie also der LULUCF-Sektor auch zur Klimaneutralität bis 2045 und nach 2050 zu negativen THG-Emissionen beitragen kann, ist bislang offen. Insgesamt fehlt es an wirksamen Umsetzungsmaßnahmen.

Die Klimaschutzgesetze der Bundesländer sehen bislang keine Senkenziele vor, obgleich sie nach dem Bundesklimaschutzgesetz die Möglichkeit haben, den jeweiligen Landesspezifika Geltung zu verschaffen. Insbesondere Flächenländer wie Bay-

ern und Mecklenburg-Vorpommern, die erhebliche Moorflächen aufweisen, sollten der klimarelevanten Bedeutung von Mooren stärker Rechnung tragen. Sie könnten beispielsweise Senkenziele in Landes-Klimaschutzgesetzen vorsehen.
Auch für die Umsetzung der europäischen Senkenziele braucht es konkrete Maßnahmen. Auf europäischer Ebene fehlt bislang eine spezifische Moorschutzstrategie. In Deutschland beabsichtigt die Bundesregierung, mittelfristig (Klimaschutzprogramm 2030) neue Förderinstrumente zur dauerhaften Wiedervernässung von Moorböden zu schaffen und langfristig (Klimaschutzplan 2050) bestehende Moorflächen zu schützen. Dafür will sie Anreize für Investitionen in ein moorbodenschonendes Wassermanagement setzen. Auch das Klimaschutzsofortprogramm 2022 greift den Schutz von landwirtschaftlich genutzten entwässerten Moorböden auf. Die Bund-Länder-Zielvereinbarung zum Moorschutz vom 20. Oktober 2021 sowie die nationale Moorschutzstrategie vom 1. September 2021 sehen Grundsätze, Ziele und Maßnahmen unter anderem zur Wiedervernässung degradierter Moore vor (vgl. S. 80 ff.). Darüber hinaus existieren in einzelnen moorreichen Bundesländern Moorschutzprogramme und -konzepte (Vgl. S. 18 ff.).
Die Bundesregierung hat kürzlich Eckpunkte des Aktionsprogrammes Natürlicher Klimaschutz vorgestellt und mit einem Finanzierungsprogramm von vier Milliarden Euro unterlegt. Danach sollen landwirtschaftliche Betriebe bei der Wiedervernässung und Einführung angepasster Bewirtschaftungsweisen unterstützt, der Zustand ungenutzter und geschützter Moore verbessert und ein Bundesprogramm Klimaschutz durch Moorbodenschutz aufgelegt werden. Durch die Förderung von Fotovoltaikanlagen auf wiedervernässten Moorflächen (vgl. S. 97 ff.) will die Bundesregierung zusätzliche Anreize zur Renaturierung von Mooren setzen. (5) All diese Strategien sind jedoch rechtlich unverbindlich und bedürfen der Umsetzung durch den Gesetzgeber sowie der fachgesetzlichen Konkretisierung.

Mehr Theorie als Praxis

Die Unterschutzstellung naturnaher Moore regeln auf europäischer Ebene die Fauna-Flora-Habitat-Richtlinie (FFH-RL) und die Vogelschutz-Richtlinie. Moore können – soweit sie im Einzelfall von ornithologischer Bedeutung sind – als Vogelschutzgebiete ausgewiesen werden. Auch stellen bestimmte Moortypen gemäß

FFH-RL natürliche Lebensraumtypen von gemeinschaftlichem Interesse dar und sind als solche zu besonderen Schutzgebieten zu erklären. Darüber hinaus sind solche Moore als besondere Schutzgebiete auszuweisen, die Habitate von moorspezifischen und in Anhang II der FFH-RL aufgeführten Arten darstellen. FFH-Gebiete und Vogelschutzgebiete unterliegen dem Verschlechterungsverbot der FFH-RL, wobei den Mitgliedstaaten die konkrete Ausgestaltung des Schutzregimes überlassen bleibt. Darüber ist für Pläne und Projekte, die das Schutzgebiet erheblich beeinträchtigen könnten, eine Verträglichkeitsprüfung mit den für das Gebiet festgelegten Erhaltungszielen erforderlich.

„Nur wenn die Verantwortlichen der Raumordnung Moorschutz als Ziel in Landesentwicklungs- und regionalen Raumordnungsplänen festlegen, entfaltet es eine ausreichende Steuerungswirkung.“

Bundesrechtlich genießen Moore überdies einen flächendeckenden Mindestschutz durch die naturschutzrechtliche Eingriffsregelung des Bundesnaturschutzgesetzes. Danach sind erhebliche Beeinträchtigungen vorrangig zu vermeiden und, wenn dies nicht möglich ist, zu kompensieren. Bestimmte Teile von Natur und Landschaft – unter anderem Moore – können darüber hinaus in einem System abgestufter Schutzintensität unter Schutz gestellt werden. Außerdem stellen Moore nach Bundesnaturschutzrecht gesetzlich geschützte Biotope dar. Handlungen, die dort zu einer Zerstörung oder einer sonstigen erheblichen Beeinträchtigung führen können, sind demnach verboten. Insbesondere die aufgrund der FFH-Richtlinie eingerichteten Schutzgebiete gelten jedoch häufig als zahnlose Tiger, da oftmals eine intensive Bewirtschaftung zulässig bleibt. Tatsächlich werden in Natura-2000-Gebieten vielfach Maßnahmen wirtschaftlicher Art unter dem Deckmantel des Gebietser-

halts durchgeführt, die in den Naturhaushalt eingreifen. Spezielle fachliche Anforderungen zur Bewirtschaftung landwirtschaftlich genutzter Moorböden bestehen nicht. Die Eingriffsregelung führt regelmäßig nicht zur Vermeidung, sondern lediglich zur Kompensation eines Eingriffs.
Auch in der räumlichen Gesamtplanung lassen sich Moore mittels raumordnerischer Festlegungen schützen: Der Erhalt und die Entwicklung natürlicher Senken sind nach dem Raumordnungsgesetz des Bundes und daher auch in raumordnerischen Abwägungsentscheidungen lediglich zu berücksichtigen. Grundsätze können gegenüber anderen Belangen »weggewogen« werden. Nur wenn die Verantwortlichen für die Raumordnung Moorschutz als Ziel in Landesentwicklungs- und regionalen Raumordnungsplänen festlegen, entfaltet es eine ausreichende Steuerungswirkung. Die Raumordnung kann so dem fortschreitenden Klimawandel sowie der Biodiversitätskrise durch Moorschutz stärker als bisher Rechnung tragen.

Zielkonflikte durch Mehrgewinnstrategien lösen

Insgesamt sind die Unterschutzstellung und Renaturierung von Mooren finanziell stärker zu honorieren. (6) Die Bereitstellung von Ökosystemleistungen – insbesondere die Entnahme von Treibhausgasen aus der Atmosphäre – stellt eine gesellschaftliche Leistung dar, die entsprechend honoriert werden sollte. Ein maßnahmenbasierter Ansatz ist dabei zunächst einem ergebnisorientierten Ansatz vorzuziehen. Um mögliche Verlagerungseffekte zu vermeiden, sollten zusätzlich Emissionen aus landnutzungsbezogenen Tätigkeiten bepreist werden.
Eine Fokussierung allein auf die Klimarelevanz von Mooren ist indes zu vermeiden. Klima- und Naturschutz müssen – insbesondere im Bereich des Moorschutzes – zusammengedacht werden. Dabei sind Zielkonflikte im Sinne einer Entwicklung von Mehrgewinnstrategien zu lösen. Insbesondere die stärkere Umsetzung von Nasswiesen-Paludikulturen (vgl. S. 66 ff.) sowie die Ausweisung eines ersten Moor-Nationalparks könnten diesen Ansprüchen gerecht werden.

Anmerkungen

(1) www.bfn.de/oekosystemleistungen-0
(2) Pörtner, H. O. et al. (2021): IPBES-IPCC Co-sponsored workshop report on Biodiversity and Climate Change. Bonn/Geneva, S. 15 ff.

(3) Wissenschaftlicher Beirat der Bundesregierung Globale Umweltveränderungen (2020): Landwende im Anthropozän: Von der Konkurrenz zur Integration. Berlin, S. 76 f.
(4) https://eur-lex.europa.eu/resource.html?uri=cellar:ea67fbc9-e4ec-11eb-a1a5-01aa75ed71a1.0001.02/DOC_1&format=PDF
(5) Bundesministerium für Umwelt, Naturschutz, nukleare Sicherheit und Verbraucherschutz (2022): Aktionsprogramm Natürlicher Klimaschutz – Eckpunktepapier. Berlin, S. 2 ff.
(6) Wissenschaftsplattform Klimaschutz (2021): Auf dem Weg zur Klimaneutralität: Umsetzung des European Green Deal und Reform der Klimapolitik in Deutschland. Berlin, S. 79 ff.

a)

b)

Welche schlechte Angewohnheit würden Sie gern im Moor versenken?

a) Texte auszudrucken und in der Papierversion zu korrigieren. Die insoweit anfallenden Papierstapel im Moor versenken und als Kohlenstoffspeicher gewinnen.

b) Zu detaillierte Zukunftspläne, die mir manchmal den Blick für neue Wege verstellen, würde ich gerne solange versenken, bis sie passé sind und ich zur Spontanität gezwungen bin.

Zu den Autor(inn)en

a) Sabine Schlacke ist Professorin für Öffentliches Recht, insb. Verwaltungs- und Umweltrecht, an der Universität Greifswald sowie geschäftsführende Direktorin des Instituts für Energie-, Umwelt- und Seerecht (IfEUS). Sie ist Co-Vorsitzende des WGBU und des Lenkungskreises der Wissenschaftsplattform Klimaschutz.

b) Frederick Qasem ist wiss. Mitarbeiter am IfEUS der Universität Greifswald. Zudem arbeitet er im Sekretariat der AG Access and Benefit-Sharing der Ständigen Senatskommission für Grundsatzfragen der biologischen Vielfalt (SKBV) und promoviert zum Naturschutzrecht.

Kontakt

Prof. Dr. Sabine Schlacke
Universität Greifswald,
Lehrstuhl für Öffentliches Recht
E-Mail sabine.schlacke@uni-greifswald.de

Frederick Qasem
Universität Greifswald,
Lehrstuhl für Öffentliches Recht
E-Mail frederick.qasem@uni-greifswald.de

Jugend und Moorschutz

Das Moor auf Instagram

Die Generation Z ist unter 25 Jahre alt, mit dem Smartphone aufgewachsen und umweltinteressiert. Über das Ökosystem Moor weiß sie trotzdem viel zu wenig. Doch das lässt sich dank Social Media ändern.

Von Swantje Furtak

Mein erstes Moor-Bild postete ich vor genau einem Jahr. Wir waren in ein wiedervernässtes Gebiet nahe Greifswald gefahren, um Bodenproben zu nehmen. Mein Professor hatte im Auto laut darüber nachgedacht, wie wir die Unterart von Mikroorganismus benennen könnten, die wir vor Kurzem gefunden hatten. Der Bohrkern im Kofferraum rollte von der einen zur anderen Seite. Hinter der getönten Scheibe war der Himmel strahlend blau. Als wir ausstiegen spürte man bereits, dass es ein drückender Sommertag werden würde. Ich steckte mein Smartphone in die Hosentasche und während der Professor, die wissenschaftlichen Mitarbeiter(innen) und der weitere Bachelorstudent ins Feld aufbrachen, zog ich es heraus und fotografierte mich mit Rohrkolben im Hintergrund im Gegenlicht und untertitelte das Foto vor dem Upload auf Instagram mit: „My very first peat expedition."
Das war mein Start als »Peatfluencerin« [Peat- = Torf; -fluencerin = Influencerin], wie mich Freundinnen und Bekannte mittlerweile sehen. Ich versuche, Moore auf Instagram sichtbar zu machen. Dem Ökosystem ein Gesicht zu geben und seine Facetten in Fotos und Kurz-Videos zu zeigen. Ich bin keine Aktivistin. Ich studiere Biochemie und arbeite als Journalistin mit einer besonderen Vorliebe für Moore. Immer wieder lerne ich, wie unscheinbar das Moor und seine Bedeutung für mei-

ne Altersgruppe doch sind. Und wie schwer es ist, eine persönliche Beziehung zu einem Ort aus abgestorbener Biomasse und Wasser zu vermitteln. Doch ich glaube, dass es genau das braucht. Dass meine Generation - die Generation Z, gerade zwischen zehn und 25 Jahre alt, mit dem Smartphone aufgewachsen, umweltinteressiert - ein Grundverständnis für Moore und eine persönliche Bindung aufbauen muss, um auf diese besonderen Orte zu achten. Deshalb versuche ich sie zu erreichen. Dort, wo wir uns viel zu lang jeden Tag aufhalten: auf der Bild- und Video-Plattform Instagram.

Das Moor aus dem Märchen

Moore sind „Schlamm", „Dreck", „so eine Matsche, in der man einsinken kann" und die „langweiligen Wanderungen mit meinen Eltern als ich 14 war". Die Assoziationen meiner Generation zum Moor sind alles andere als positiv. (1) Sie beschreiben einen Ort, an dem man sich nicht aufhalten möchte. Ein schauriges Gebiet, mit nassem Boden, in dem das einzig Interessante die konservierten Moorleichen sind und durch das vermutlich Nebel zieht. Ein Bild fernab der Realität der meisten Moore Deutschlands. Müsste ich ein Moor beschreiben, würde ich von einem Mais- oder Weizenfeld erzählen, dem tiefe Entwässerungsgräben konstant das Wasser entziehen. Die Realität von Mooren, ihre starke land- und forstwirtschaftliche Nutzung und damit einhergehende umweltschädliche Emissionen sind meiner Generation weitestgehend unbekannt. Dabei sollte einer Generation, die die Bekämpfung des Klimawandels als einen ihr wichtigen Wert aufzählt, eben dieser aktuelle Zustand unserer Moore in Deutschland bewusst sein. (3)

Zumindest ein Gedanke hat sich mittlerweile mehr oder weniger in meiner Generation etabliert: „Moore speichern CO_2, mehr als der Wald" - mit dem Nebensatz, das hätte die Tagesschau doch neulich auf Instagram gepostet. Nach jahrzehntelangem Bemühen der Forschung, gehört zu werden, prägt das Bild des Moores als Kohlenstoff-Schatztruhe zunehmend die Medien. CO_2, ein Schlüsselwort meiner Generation, vermag es, die Bedeutung eines Ökosystems für unser Klima und damit für uns zu manifestieren. In ihm steckt die Möglichkeit, die Erderwärmung verlangsamen zu können. Dabei ist das detaillierte Verständnis dafür, wie genau ein Moor Kohlenstoff speichert, noch mangelhaft. Moore sind nur Kohlenstoffspeicher, solange sie nass sind. Werden sie entwässert, wie es in Deutschland massenhaft passiert, werden sie zu Kohlenstoffquellen (vgl. S. 52 ff.). Dieses Verständnis für die Funktionsweise von Mooren fehlt bisher in meiner Generation. Zusätzlich mangelt es an einem weiteren Punkt, den ich für noch wichtiger erachte: eine persönliche Bindung zu diesem Ort. Denn es stimmt, was der senegalesische Umweltschützer Baba Dioum 1968 in einer Präsentation vor der Weltnaturschutzunion IUCN sagte: „Am Ende werden wir nur das bewahren, was wir lieben, wir werden nur lieben, was wir verstehen, und wir werden nur verstehen, was uns gelehrt wird." Bleiben Moore unbekannte Orte aus Märchen oder unliebsamen Wanderungen mit unseren Eltern, werden wir sie nicht schützen. Nicht mal sonderlich beachten.

Social Media ist eine Chance

Im Herbst 2021 machte ich für ein paar Monate ein Auslandspraktikum im peruanischen Sumpfregenwald in einem noch unberührten Moor. In dieser Zeit stapfte ich immer wieder in kniehohen Gummistiefeln durch wassergetränkten Torfboden, um den Bohrkern vier Meter tief hineinzurammen und meine Bodenproben zu sammeln. Auf jeder dieser Expeditionen trug ich in einer Bauchtasche mein Smartphone. Immer wieder filmte ich Szenen: eine Forscherin, wie sie vom Dickicht des Regenwaldes verschluckt wird, die unterschiedlichen Schichten des Bohrkerns, ließ mich filmen, wie ich auf einem Bein balancierend das Wasser aus meinen Gummistiefeln auskippe. Alles lud ich auf Instagram hoch.

Seitdem ich das erste Mal online von meiner Moorforschung in Greifswald berichtet habe, verstehe ich Instagram als Werkzeug. Lade ich dort ein Bild oder ein Video hoch, reagieren Menschen. Junge Menschen, die dem Auskippen der Gummistiefel ein Herz geben. Andere Forschende, die mich fragen, worauf die Farben des Bohrkerns hindeuten, Moor-Interessenten, die sich berieseln lassen und mir sagen: „Ich verschwende so viel Zeit auf dieser Plattform, aber deine Videos zu gucken bringt mich weiter." Ich habe keine Massen an Follower(inne)n, doch das Gefühl, bei den 295 Menschen, die sich angucken, was ich dort im Moor mache, etwas zu bewegen. Ich zeige ihnen eine Person, die das Moor liebt, die sie mitnimmt an diesen nassen Ort, die ihnen Moorforschung erklärt und Geschichten der Menschen vor Ort erzählt. Ich lasse sie das Ökosystem durch meine Augen sehen.

„Bleiben Moore unbekannte Orte aus Märchen oder unliebsamen Wanderungen mit unseren Eltern, werden wir sie nicht schützen. Nicht mal sonderlich beachten."

Dem Global Web Index zufolge verbringt die Generation Z im Durchschnitt zwei Stunden und 52 Minuten auf Social-Media-Plattformen wie YouTube, Instagram und Twitter. (4) Viele folgen dort nicht nur ihrem Freundeskreis und Idolen, sondern nutzen die Plattformen auch, um an Informationen zu gelangen. Einer dieser Informationskanäle (und vielleicht auch der Grund, weshalb mir viele an dem Tag meiner Umfrage sagten, Moore seien Kohlenstoffspeicher) ist die Tagesschau. Sie gilt in meiner Altersgruppe als verlässliche Quelle und taucht mit ihren Bilderkacheln der aktuellen Nachrichten im Feed-Verlauf der meisten auf. So erfahren sie, während sie sich Fotos von Ferien, Parties und Essen ansehen, auch immer, was aktuell in der Welt passiert. Neben der Tagesschau wurden mir als häufig gefolgte Instagram-Kanäle in meiner Generation *Funk*, Fridays for Future, die *FAZ* und die *News WG* des Bayerischen Rundfunks genannt. Social Media ist längst kein Ort der Freizeit mehr, es ist eine hochfrequentiert genutzte Kommunikationsplattform, mit der besonders junge Menschen erreicht werden können. Es ist ein Ort, an dem man Themen setzen und aufbereiten kann. Wird das Moor präsenter auf Social Media, kann es an Relevanz gewinnen. Denn Social Media hat das Potenzial, Dinge zu wandeln, Bewegungen junger Menschen auszulösen und zu organisieren.

Die Demonstrationen von Fridays for Future in den letzten Jahren zeigen, wie wichtig der jungen Generation der Klimawandel ist. Beeindruckend viele junge Menschen stehen für die Einhaltung der Ziele des Pariser Abkommens und des 1,5-Grad-Ziels. (5) Junge Menschen fordern heutzutage Antworten von der Politik. So sollte auch die Forderung „Moor muss nass" in den Mund junger Aktivst(inn)en, denen der Klimawandel nahe geht.

Wie spezifische Moor-Forderungen aussehen könnten, macht das von jungen Menschen geführte, internationale Kollektiv „re-peat" vor. (6) 2020 gegründet, über Slack und Telegram organisiert, setzt sich die Organisation für einen Paradigmenwechsel ein. Sie steht für die Aufwertung und den Schutz von Torfgebieten. Moor-engagierte und -interessierte auf der ganzen Welt können sich durch Beitritt vernetzen und organisieren. So entstehen YouTube-Videos, in denen sie gemeinsam in den Gartenmarkt gehen und (erfolglos) nach Blumentopferde ohne Torf suchen. (7) Oder ein Moor-Bildungsprojekt in einer irischen Grundschule. Und auch der jährliche, digitale Moortag mit Vorträgen, Gruppendiskussionen und Workshops: Es gibt sie also, die jungen Moorengagierten. Und sie geben neue Handlungsvorschläge in eine klimainteressierte Generation, die bisher ab und zu versucht, weniger Fleisch zu essen, so wenig Plastik, wie möglich zu kaufen und aufs Autofahren verzichtet. (8):

1) Sprich mit Bauern und Bäuerinnen: Wirtschaften sie auf Torf? Oder haben sie persönliche Erinnerungen an die Moorgebiete?
2) Engagiere dich für torffreie Blumentopferde.
3) Besuche ein gesundes Moor und ein abgetorftes und finde heraus, wie sie sich anfühlen, schmecken, aussehen und riechen.
4) Lies/Schreib etwas über Moore und seine Produkte. Mache eine Zeichnung, während du dort bist – und sende sie uns! Vorstellungskraft ist alles.
5) Folge den Social-Media-Kanälen von re-peat und melde dich für unsere monatliche Mailingliste an.
6) Nimm an einer unserer Veranstaltungen teil und trete re-peat bei!

Die Sache mit der Politik

Laut *Guardian* sei die Generation Z eine Generation, die auf das sich schnell verändernde Klima des Planeten reagiert, indem sie ihr Leben darauf ausrichtet, Lösungen zu finden. Diese liegen im eigenen Handeln und in den Forderungen an die Politik. Fragt man, ob die Politik genug tut, ist das Stimmungsbild eindeutig: „Nein, die Politik tut nicht genug gegen den Klimawandel", „viel zu langsam", „politische Ziele sollten dem großen Ziel, klimaneutral zu werden, untergeordnet werden, sonst ist es einfach ein Wunschdenken". – Meine Generation sieht die Politik in der Verantwortung, zu handeln und nicht nur zu versprechen. Es sei ihre Pflicht, die junge Generation in jeder Entscheidung mitzudenken und damit das

Klimathema an erste Stelle zu setzen. Konkrete Forderungen der jungen Generation sind meist Schutz der Wälder, Abkehr von fossilen Energieträgern und Ausbau einer nachhaltigen Infrastruktur.
In diesen direkten Forderungen an die Politik und dem Willen, das eigene Handeln anzupassen, fehlt bisher oft noch der Gedanke ans Moor. Noch wird von der jungen Generation das Wort Moor im Klimaschutz nicht laut genug ausgesprochen. Doch ich meine, durch Bildung, die Präsenz auf Social Media und moorbegeisterte, junge Menschen kann eine Bindung zu Moor geschaffen werden.

Anmerkungen

(1) Es gibt keine Umfrage in der Generation Z zum Moor, deshalb fragte ich selbst stichprobenartig in unterschiedlichen Altersgruppen und Berufsperspektiven.
(2) https://simon-schnetzer.com/blog/die-generation-z-und-nachhaltigkeit-fakten-und-hintergruende/
(3) https://www.gwi.com/hubfs/Downloads/Generation_Z_report_2019.pdf
(4) https://fridaysforfuture.de/wp-content/uploads/2019/04/Forderungen-min.pdf
(5) 2020 war ich selbst aktives Mitglied von re-peat und habe beim Moortag, an einer Anthologie und einem Kinderbuch mitgewirkt.
(6) https://youtu.be/xhPIsDyVslg
(7) www.re-peat.earth/what-can-i-do
(8) www.theguardian.com/environment/2021/sep/06/gen-z-climate-change-careers-jobs

Welche schlechte Angewohnheit würden Sie gern im Moor versenken?
Mein Handy möchte ich manchmal einfach nur im Moor versenken!

Zur Autorin
Swantje Furtak studiert an der Universität Greifswald Biochemie und absolviert eine studienbegleitende Journalismusausbildung an der Katholischen Journalismusschule München. Ihr Themenschwerpunkt sind Moore.

Kontakt
E-Mail swfurtak@gmail.com

MOORGEISTER

Moore sind – solange sie nass sind – Nieren der Landschaft, Hotspots der Artenvielfalt und vor allem effektive CO_2-Speicher. Entwässert mutieren sie jedoch zu Treibhausgasschleudern und verursachen enorme wirtschaftliche Schäden. Um die positiven Funktionen der Feuchtgebiete zu sichern, müssen wir Moorböden konsequent wiedervernässen. – Warum kühlen Moore das Weltklima? Welche Änderungen braucht es im Ordnungs- und Eigentumsrecht? Was kann Paludikultur?

_Torfmoose lassen sich auf wiedervernässten Hochmooren anbauen und landwirtschaftlich nutzen. Sie können Torf in gartenbaulichen Substraten und Blumenerden ersetzen.

Illustration: Sarah Heuzeroth

Die Klimawirkung von Mooren

Boden gut machen

Im Torf bleiben Pflanzenreste unter Wasser erhalten und konservieren so Kohlenstoff. Das hat eine kühlende Wirkung auf das Weltklima. Entwässerte Moore hingegen verursachen enorme Schäden in der Atmosphäre und für die Volkswirtschaft. Höchste Zeit für konsequente Wiedervernässung.

Von Hans Joosten und Bernhard Osterburg

In intakten Mooren werden die Reste abgestorbener Pflanzen aufgrund der dauerhaften Wassersättigung des Substrats langsamer abgebaut, als neues Pflanzenmaterial produziert wird. Ähnlich wie saure Gurken oder Hering werden die Pflanzenreste unter Wasser in einem sauerstofflosen Umfeld »eingelegt« und konserviert. Langfristig häufen sich auf diese Weise mächtige Schichten mehr oder weniger zersetzter Pflanzenrückstände als eine Substanz an, die wir Torf nennen. Weltweit bedecken Moore – das heißt Gebiete mit einer mindestens 30 Zentimeter mächtigen Torfschicht – etwa vier Millionen Quadratkilometer oder drei Prozent der Landfläche. Auf dem Kontinent Europa nehmen sie eine Fläche von etwa 600.000 Quadratkilometer ein, in Deutschland sind es 12.800 Quadratkilometer.

Langfristig kühlen wachsende Moore das Klima, weil die als Torf abgelagerten Pflanzenreste zu mehr als 50 Prozent aus Kohlenstoff bestehen. Moore speichern also Kohlenstoff, den die Pflanzen bei der Fotosynthese als Kohlendioxid (CO_2) der Atmosphäre entzogen und in organisches Material umgesetzt haben. Die direkte, kurzfristige Bedeutung dieser Torfbildung für das Klima sollte nicht überschätzt werden. Einerseits kompensiert die Netto-Kohlenstofffestlegung infolge Torfbildung (etwa 100 Megatonnen Kohlenstoff pro Jahr) in den noch wachsenden Mooren auf der Erde lediglich ein Prozent der weltweiten anthropogenen CO_2-Emissionen. Andererseits produzieren und emittieren nasse Moore auch Methan (CH_4), das bei dem geringfügigen Abbau von Pflanzenresten unter den sauerstofflosen Bedingungen entsteht, die die Torfbildung und den Torferhalt erst ermöglichen. Die Methanemissionen aus Mooren liegen global nur bei 30 Megatonnen CH_4 pro Jahr, aber weil Methan ein viel stärkeres Treibhausgas ist, wird die positive Klimawirkung der CO_2-Festlegung rechnerisch durch den Methanausstoß mehr als zunichte gemacht. Intakte Moore sind kurzfristig gesehen im Mittel also keine Hilfe gegen den Klimawandel. Längerfristig betrachtet sind sie aber kühlend, weil Methan in der Atmosphäre schnell oxidiert und seine starke Klimawirkung verliert. Dadurch führt die anhaltende Methanquelle von lebenden Mooren nicht zu einer fortdauernd zunehmenden Konzentration von Methan in der Atmosphäre, während die anhaltende Wirkung als Kohlenstoffsenke die CO_2-Konzentration in der Atmosphäre kontinuierlich abnehmen lässt. Auf diese Weise haben die Moore in den vergangenen 10.000 Jahren das Weltklima um etwa 0,6 Grad Celsius gekühlt.

Torfabbau setzt CO_2 und Lachgas frei

Von viel größerer, direkter klimapolitischer Bedeutung ist die Rolle entwässerter Moore als CO_2-Quelle. Dadurch, dass sie über Jahrtausende Pflanzenreste als Torf gespeichert haben, enthalten Moore im Vergleich zu anderen Ökosystemen überproportional viel Kohlenstoff: in der borealen Zone pro Flächeneinheit im Schnitt die siebenfache Menge, in den Tropen das Zehnfache im Vergleich zu Ökosystemen auf Mineralböden. Und obwohl sie weltweit nur drei Prozent des Landes bedecken, ist in Mooren mit 600 Gigatonnen Kohlenstoff fast doppelt so viel Kohlenstoff gespeichert wie in der Biomasse aller Wälder der Erde, die fast ein Drittel der Landfläche ausmachen.

Wenn Moore entwässert werden, führt das Eindringen von Sauerstoff in den Moorboden zu einer ständig fortschreitenden Auszehrung des Torfkörpers. Die akkumulierte organische Substanz oxidiert und verschwindet in Form der Treibhausgase

Kohlendioxid und Lachgas (N_2O) in die Atmosphäre. Die Emissionen hängen stark vom mittleren Wasserstand im Moor ab. In natürlichen Mooren liegt der Wasserstand an der Geländeoberfläche. In Mitteleuropa führt jede Absenkung um zehn Zentimeter zu weiteren Emissionen von fünf Tonnen CO_2-Äquivalenten pro Hektar und Jahr, in den Tropen sind es sogar neun Tonnen.

„Jeder Liter Milch einer Kuh, die vor allem von Moor-Grün- und Ackerland ernährt wird, ist fast so CO_2-intensiv wie die Verbrennung von zwei Litern Benzin.“

Ein Acker auf entwässertem Moorboden in Deutschland emittiert 37 Tonnen CO_2-Äquivalente pro Hektar und Jahr – das ist die gleiche Menge an Treibhausgasen, die ein Mittelklasse-Pkw mit Benzinmotor freisetzt, wenn er jährlich 185.000 Kilometer (also über viermal um die Erde) fahren würde. Auch aus anderen Landnutzungen auf entwässertem Moorboden, zum Beispiel Grünland, entstehen vergleichbar hohe Treibhausgasemissionen. Jeder Liter Milch einer Kuh, die vor allem von Moor-Grün- und Ackerland ernährt wird, ist fast so CO_2-intensiv wie die Verbrennung von zwei Litern Benzin. Bioenergie, gewonnen aus Pflanzen, die auf entwässerten Mooren angebaut werden (wie Mais, das Chinaschilf Miscanthus, Zuckerrohr, Palmöl, Holz), setzt pro Einheit produzierter Energie mehr fossilen Kohlenstoff als CO_2 frei, als dies fossile Brennstoffe tun. Biogas von sogenanntem Moormais ist achtmal schädlicher für das Klima als die Verbrennung von Braunkohle.

Die für Land-, Forst- und Torfwirtschaft entwässerten Moore Deutschlands verursachen jährlich mit 53 Millionen Tonnen CO_2-Äquivalenten 6,7 Prozent der gesamtdeutschen Treibhausgasemissionen. Der weit überwiegende Teil (83 Prozent) dieser Emissionen stammt von landwirtschaftlich genutzten Flächen. Das Umweltbundesamt setzt die Schadenskosten einer emittierten Tonne Kohlendioxid momentan bei 195 Euro an. Dies bedeutet, dass die entwässerten Moorböden in Deutschland jährlich einen Klimaschaden von zehn Milliarden Euro verursachen – eine Summe, die fast so hoch ist wie die Nettowertschöpfung der gesamten deutschen Landwirtschaft. Diese Zahlen machen mehr als deutlich, dass entwässerte Moore einen volkswirtschaftlichen Schaden verursachen, der weit über dem Wert der erzeugten land- und forstwirtschaftlichen Produkte liegt.

Weltweit Moore wiedervernässen

Die Wiedervernässung entwässerter Moore, also das Anheben des Grundwassers bis an oder über die Mooroberfläche, reduziert die Treibhausgasemissionen beträchtlich und kann die Kohlenstofffestlegung reaktivieren. Die Klimaschutzziele des Paris-Abkommen implizieren, dass bis 2050 die Netto-CO_2-Emissionen auf Null reduziert werden müssen, und dass wir nach 2050 Netto-CO_2-Senken brauchen. Um die Moore weltweit kohlenstoffneutral zu machen, müssen alle noch natürlichen Moore geschützt und 80 bis 85 Prozent der entwässerten Moore wiedervernässt werden. Damit die Moore ihre natürliche Rolle als globale Kohlenstoffsenke wieder erfüllen können, müssen praktisch alle entwässerten Moore weltweit wiedervernässt werden, das heißt ab jetzt 50.000 Hektar (ha) pro Jahr in Deutschland, 500.000 ha pro Jahr in der EU und 2.000.000 ha pro Jahr weltweit – eine enorme Herausforderung!

Aus Klimasicht die höchste Priorität und gesellschaftlich die größten Aufgaben liegen bei der Wiedervernässung stark trockengelegter Moorflächen, die intensiv bewirtschaftet werden, etwa für Milchviehhaltung, Bioenergie-Erzeugung oder Kartoffelanbau. Eine Fortsetzung der bisherigen landwirtschaftlichen Nutzung ist nach Vernässung nicht mehr möglich. Bis jetzt wurden Moore bei der Wiedervernässung zumeist aus der Nutzung genommen und in neue nasse Wildnis umgewandelt oder zu Biodiversitätszwecken extensiv gepflegt. Aber das werden wir uns künftig nicht auf allen Flächen leisten können. All diese Moore wurden zur Erzeugung von Biomasse entwässert. Biomasse, die wir immer mehr brauchen, weil die Erdbevölkerung weiterhin wächst und wir die bittere Armut vieler Menschen verringern wollen. Außerdem hat sich die Weltgemeinschaft 2015 in Paris darauf verständigt, die Welt in den nächsten Jahrzehnten weitgehend zu dekarbonisieren. Ein Großteil der fossilen Roh- und Brennstoffe, seien es Kohle, Öl, Gas, Erze oder Mineralien, soll in Zukunft durch Biomasse ersetzt werden, die von einer nachhaltigen Land- und Forstwirtschaft zu liefern ist. Dringend müssen neue Verfahren entwickelt werden, die die Umweltschäden herkömmlicher Moornutzung vermeiden und es gleichzeitig erlauben, wiedervernässte Moorböden produktiv zu nutzen. Solche Verfahren gibt es, sie sind als Paludikulturen bekannt (vgl. S. 66 ff.).

Moorschutz rechnet sich

Das Thema Moorbodenschutz ist in Deutschland im Jahr 2014 im Aktionsprogramm Klimaschutz 2020 auf die politische Agenda gesetzt worden. Im Klimaschutzplan 2050 der Bundesregierung aus dem Jahr 2016 wird eine Zielvereinbarung als konkrete Maßnahme zum Schutz von Moorböden genannt. Nach einem langen Aushandlungsprozess wurde im Oktober 2021 schließlich die „Bund-Länder-Zielvereinbarung zum Klimaschutz durch Moorbodenschutz" beschlossen und veröffentlicht (vgl. S. 80 ff.). Demnach streben Bund und Länder an, die jährlichen Treibhausgasemissionen aus Moorböden bis 2030 um fünf Millionen Tonnen Kohlendioxid-Äquivalente zu senken. Voraussetzung dafür ist die Bereitstellung der erforderlichen Finanzmittel für die Umsetzung von Maßnahmen zum Moorbodenschutz (vgl. S. 87 ff.). Es sollen insbesondere kooperative und gebietsbezogen angepasste Lösungen unterstützt werden, basierend auf dem Grundsatz der Freiwilligkeit. Auch im Ende März 2022 vom Bundesumweltministerium vorgestellten Aktionsprogramm „Natürlicher Klimaschutz" spielt die Wiedervernässung von Mooren eine wichtige Rolle. Anders als beispielsweise bei den Beschlüssen zum Ausstieg aus der Kohlenutzung gibt es im Moorbodenschutz noch keine längerfristige, über das Jahr 2030 hinausweisende Strategie.
Schätzungen zu den Kosten der Treibhausgasvermeidung durch Moorbodenschutz zeigen, dass diese Maßnahme sehr kostenwirksam sein kann. Die Vermeidungskosten liegen in vielen Fällen unter 50 Euro pro Tonne CO_2-Äquivalent an vermiedenen Treibhausgasemissionen. Zu berücksichtigen ist jedoch, dass bis zur Umsetzung von Maßnahmen zur Wiedervernässung oft lange Aushandlungs- und Planungsprozesse durchlaufen werden müssen.

„Es sollen insbesondere kooperative und gebietsbezogen angepasste Lösungen unterstützt werden, basierend auf dem Grundsatz der Freiwilligkeit.“

Die Höhe der Treibhausgasemissionen aus Moorböden wird in erster Linie durch den Entwässerungszustand bestimmt, den die einzelnen Flächeneigentümer(innen) und -nutzer(innen) meist nicht oder nur eingeschränkt verändern können. Eine einfache Förderung einzelner Flächeneigentümer(innen) und -nutzer(innen) reicht deshalb nicht aus. Notwendig sind vielmehr Planungen und Erhöhungen des Wasserstands in größeren, entwässerungstechnisch zusammenhängenden Gebieten (vgl. S. 73 ff.). Entsprechend viele Akteurinnen und Akteure mit ihren unterschiedlichen Interessen sind einzubeziehen. Dabei müssen alle Flächennutzungen auf Moorboden berücksichtigt werden, nicht nur die Land- und Forstwirtschaft, sondern auch Siedlungen und Infrastruktur. Die Nutzung spielt für die Höhe der Treibhausgasemissionen aus Moorböden gegenüber der Entwässerung eine untergeordnete Rolle. Entwässerte, intensiv genutzte Dauergrünlandflächen auf Moorböden verursachen ähnlich hohe Emissionen wie eine Ackernutzung. Auch die Stilllegung stark entwässerter Flächen bietet keine Lösung, wenn der Wasserstand nicht angehoben wird. Einfache Nutzungsauflagen zur Umwandlung von Acker- in Grünland sind für den Klimaschutz auf Moorböden deshalb nicht ausreichend.

Diese Besonderheiten des Moorbodenschutzes erschweren eine schnelle Umsetzung. Sie stehen auch der Anwendbarkeit des Verursacherprinzips entgegen, denn derzeit kann das Veto einzelner Flächeneigentümer(innen) die Umsetzung von Vernässungsprojekten verhindern. Daher ist es unsicher, ob die auf die Umsetzung einzelner Pilotprojekte fokussierte Politik zur Erfüllung der Klimaschutzziele von Paris ausreichen wird. Notwendig sind eine Beschleunigung und großflächige Umsetzung der Transformation auf Moorböden und der gerechte Ausgleich der davon berührten Interessen.

Literatur

Joosten, H. (2022): Moor muss nass. Wiedervernässung vorantreiben, Torfabbau verhindern. In: Wiegandt, K. (Hrsg.): 3 Grad mehr – Ein Blick in die drohende Heißzeit und wie uns die Natur helfen kann, sie zu verhindern. oekom, München, S. 209-232.

Osterburg, B. / Tiemeyer, B. / Röder, N. (2018): Hintergrundpapier zum Moorbodenschutz und zur torfschonenden und -erhaltenden Moorbodennutzung als Beitrag zum Klimaschutz. Thünen Working Paper 105.

Bonn, A. et al. (2015): Klimaschutz durch Wiedervernässung von kohlenstoffreichen Böden. In: Hartje, V. / Wüstemann, H. / Bonn, A. (Hrsg.): Naturkapital und Klimapolitik: Synergien und Konflikte, S. 124-147.

www.bmuv.de/fileadmin/Daten_BMU/Download_PDF/Naturschutz/blzv_moorbodenschutz_bf.pdf

Welche schlechte Angewohnheit würden Sie gern im Moor versenken?

a) Die Emission von CO_2.

b) Eigene Treibhausgasemissionen kleinzurechnen – aber gibt's noch genug intakte Moore zum Versenken?

Zu den Autoren

a) Hans Joosten, Moorkundler und -schützer, ist emeritierter Professor für Moorforschung am Greifswald Moor Centrum und Generalsekretär der International Mire Conservation Group.

b) Bernhard Osterbug ist Agrarökonom und koordiniert als Leiter der Stabsstellen Klima und Boden die Forschung und Politikberatung des Thünen-Instituts in diesem Bereich.

Kontakt

Prof. Dr. em. Hans Joosten
Universität Greifswald
E-Mail joosten@uni-greifswald.de

Dipl.-Ing. agr. Bernhard Osterburg
Thünen-Institut
bernhard.osterburg@thuenen.de

Die Bedeutung der Moore für die Biodiversität

Wichtige Lebensinseln

Nasse Moore sind ein wichtiger Lebensraum für viele gefährdete Tier- und Pflanzenarten. Die unglaubliche biologische Vielfalt, die sich in Mooren verbirgt, wird jedoch häufig übersehen. Um sich den verlautbarten Schutzzielen zu nähern, darf die Politik nicht länger vor grundlegenden Änderungen im Ordnungs- und Eigentumsrecht zurückschrecken.

Von Vera Luthardt, Felix Grützmacher und Franziska Tanneberger

Was verbinden Sie mit dem Begriff Moor? Auf diese Frage antwortete der überwiegende Teil befragter Menschen vor einem Baumarkt spontan und blitzschnell: Moorleiche. Und das, obwohl bisher nur circa 15 Moorleichen eher zufällig in Norddeutschland gefunden wurden. Fragt man weiter, fallen Worte wie mystisch, gefährlich, versinken. Dabei sind in Deutschland nur noch zwei Prozent der Moore in einem wirklich naturnahen Zustand und man müsste sich sehr viel Mühe geben, um dort zu versinken. Fragt man, welche Eigenschaften Moore haben, wird es schon ganz dünn mit den Antworten und beschränkt sich auf die Aussage, dass Moore sauer sind. Und das, obwohl es neben den wenigen richtig sauren Mooren auch die ganze Palette der mäßig sauren bis hin zu den kalkreichen gibt.
Die unglaubliche biologische Vielfalt, die sich in Mooren verbirgt und an sie gebunden ist, wird in aller Regel übersehen. Das ist auch kein Wunder – bedarf es doch des genauen und kundigen Blickes, um diese Vielfalt zu erkennen. Moore leben vom Wasser, das im Überschuss vorhanden sein muss, jedoch nicht wie bei einem

See einen Wasserkörper ausbildet, sondern die Bodenporen füllt. Die Herkunft des Wassers bedingt neben den oben erwähnten unterschiedlichen pH-Werten auch die ganze Palette von Nährstoffarmut bis -überschuss, von stehendem bis durchströmendem Wasser. Daraus ergeben sich ganz unterschiedliche, zumeist extreme Lebensraumangebote. Über lange evolutive Prozesse haben sich Pflanzen, Tier-, Pilz-, Mikroorganismenarten daran angepasst und sind wichtige Teile unserer biologischen Vielfalt. Diese Anpassungen haben aber andererseits einen Preis: eine starke Bindung an ihren Standort.

Verborgene Vielfalt im Kleinen

Oft werden naturnahe Moore als artenarm beschrieben. Das bezieht sich aber in der Regel nur auf die Gefäßpflanzenarten. Etwa acht Prozent der in Deutschland vorkommenden Gefäßpflanzenarten haben ihren Verbreitungsschwerpunkt in Mooren. Die verborgene Vielfalt findet sich im Kleinen: In einem Brandenburger Moor im Stechlinseegebiet wurden auf zehn Hektar 48 Moosarten gefunden. Von einem Insektenspezialisten konnten (nur noch) in wenigen Mooren in Brandenburg eine Vielzahl höchst gefährdeter Insektenarten nachgewiesen werden – allen gemein ist ihre winzige Größe. Er konstatierte, dass es einer kontinuierlichen Entwicklung von mehr als 5.000 Jahren bedarf, dass sich solche Tiergemeinschaften erhalten haben. Das ist ein weiteres Merkmal vieler naturnaher Moore: Sie haben sich in unserer Landschaft im Ausgang des nacheiszeitlichen Klimawandels herausgebildet und sind seither in großer Kontinuität erhalten geblieben. Das ist an den abgelagerten Torfschichten abzulesen. So konnten sich hier ganz ausgereifte Ökosystembeziehungen entwickeln mit Arten, die sich in diesen kühlen Mikroklimaräumen als Nacheiszeitrelikte ansiedelten und blieben. Und noch eine weitere Spezifität erhöht die biologische Vielfalt von Mooren: Sie sind oft in sich sehr heterogen und beherbergen vielfältige Lebensraumangebote.

Moore leben vom Wasser. Wenn das Wasser entzogen wird, verändern sich die Lebensraumbedingungen gravierend. Die typischen Arten für nasse Moore verschwinden und andere Arten wandern ein. Einige moortypische Arten haben Sekundärlebensräume auf Feuchtwiesen gefunden, aber nur so lange diese sehr nass und ohne Düngung und Umbruch bewirtschaftet wurden. Aus diesem Grund stehen fast alle von ihnen auf den Roten Listen als hoch gefährdete Arten. Die oft kleinflächigen Reste der naturnahen Moore sind laut Naturschutzgesetzen geschützte Biotope. Viele dieser Flächen liegen in Naturschutzgebieten. Der Erhalt und die Stabilisierung aller noch naturnahen Mooren ist oberstes Gebot. Erfolgskontrollen von Moor-Revitalisierungsprojekten zeigen, dass die Chancen dann besonders hoch sind, wenn noch Reste der ursprünglichen moortypischen Artengemeinschaften vorhanden sind. Je gestörter die Systeme jedoch sind, wie durch eine vorausgegangene starke und langanhaltende Entwässerung, desto länger laufen Wiederbesiedlungsprozesse. Die Ursache liegt nicht nur in dem eingeschränkten Wanderungsvermögen einiger Arten, sondern auch in den veränderten Böden. Mit der Entwässerung werden Prozesse ausgelöst, die den Torf in sehr nährstoffreiche, dicht gelagerte vererdete oder vermulmte (kohlenstaubähnliche) Horizonte verwandeln, die auch nach Wiedervernässung deutlich andere Eigenschaften aufweisen und für viele Moorpflanzen nicht besiedelbar sind. Vor allem der Nährstoffüberschuss bedingt, dass konkurrenzstarke, hochwüchsige Arten wie Großseggen oder Röhrichtpflanzen zumindest über einen gewissen Zeitraum hinweg dominieren. Neue Ökosystemzustände etablieren sich.

Der Seggenrohrsänger als Seismograf

Die starke Zerstörung unserer Moore und die veränderten Bedingungen in den wiedervernässten Mooren sind auch eine große Herausforderung für den Schutz der Biodiversität. Ein hervorragendes Beispiel dafür ist der Seggenrohrsänger. Er ist nah mit dem sehr ähnlichen und häufigen Schilfrohrsänger verwandt. Er ist ein typischer Brutvogel der Niedermoore, durch seinen Schutz wird gleichzeitig sein Lebensraum mit vielen weiteren gefährdeten Tier- und Pflanzenarten geschützt. Der Seggenrohrsänger war früher von der Nordseeküste bis Sibirien verbreitet. In Vorpommern und Brandenburg war er vor dem Ersten Weltkrieg sehr häufig. Mit der Zerstörung seiner Lebensräume durch starke Entwässerung und fortschreitende Intensivierung der Landwirtschaft ging aber auch die Zahl dieser Vögel massiv zurück – im letzten Jahrhundert um etwa 95 Prozent. Heute ist die Art deshalb aus vielen Ländern verschwunden und der Weltbestand besteht aus nicht mehr als etwa 17.000 singenden Männchen (der „Zähleinheit" dieser Art). Der Seggenrohrsänger ist damit der seltenste Zugvogel unter Europas Singvögeln und eine von drei global gefährdeten Singvogelarten auf dem europäischen Festland. Über 90 Prozent des Weltbestands brüten heute im Dreiländereck Polen-Belarus-Ukraine. Bis 2007 gab es noch Brutnachweise aus dem Nationalpark Unteres Odertal; bis 2014 wurden dort einzelne Männchen nachgewiesen. Gelingt nicht bald eine Trendwende, wird im Jahr 2024 eine weitere Wirbeltierart in Deutschland ausgestorben sein!

Um die heutigen, eher nährstoffreichen Moore über längere Zeit als Bruthabitat zu entwickeln, reicht eine späte Mahd nach Ende der Brutzeit nicht aus. Nur eine alternierende Früh- und Spätmahd in Abhängigkeit vom Vorkommen der Vögel wäre Erfolg versprechend – der Bruterfolg durch die Spätmahd und der Erhalt der Lebensraumqualität durch einen ausreichenden Biomasseentzug bei frühzeitiger Mahd. Ein Hoffnungsschimmer für den Erhalt der Art kommt von der litauischen Ostseeküste: Hier wurde erfolgreich die Umsiedlung von nestjungen Seggenrohrsängern aus Belarus in restaurierte Moore in Litauen erprobt. Die »übergesiedelten« Vögel sind aus dem afrikanischen Winterquartier auch zurück nach Litauen geflogen.

Trotz vorhandenem Wissen kaum politisches Handeln

Nasse Moore, sowohl naturnahe als auch mit hohen Wasserständen bewirtschaftete Moore, sind ein wesentlicher Bestandteil unserer biologischen Vielfalt. Da die allermeisten Moore in Deutschland in einem beklagenswerten Zustand sind, sollten sie Gegenstand einer engagierten Politik sein, die den Zielen internationaler Vertragswerke wie dem Übereinkommen über die Biologische Vielfalt (CBD) und deren Erreichung unter anderem über die Umsetzung der europäischen Fauna-Flora-Habitat-Richtlinie verpflichtet ist. Jedoch ändert sich bisher wenig bis nichts an der miserablen Situation unserer Moorlandschaften, wie auch die Bundesregierung bereits einräumen musste.

Ein großer Wurf sollte die 2007 vom Bundeskabinett verabschiedete Nationale Strategie zur biologischen Vielfalt werden, die sich den Mooren mit einem eigenen Kapitel widmet. Die darin beschriebenen Ziele sind auch nach 15 Jahren nicht erreicht. Dabei liegt es nicht an fehlenden Erkenntnissen oder klaren Handlungsempfehlungen, die über eine Vielzahl an Berichten ihrer wissenschaftlichen Beiräte der Politik an die Hand gegeben wurden. Eingang fanden darin die Ergebnisse zahlreicher Forschungsvorhaben, die uns ein immer genaueres Bild der Leistungen unserer Moore für die Biodiversität und natürlich auch für den Klimaschutz zeichnen. Zuletzt war es die als bundeseinheitlich gestartete und nach drei Jahren Bearbeitungszeit als hausinternes Papier des Bundesumweltministeriums gelandete Moorschutzstrategie, auf die sich die Hoffnung vieler Moorschützer(innen) konzentrierte und die am Ende überwiegend enttäuscht wurden. – Woran liegt es, dass wir uns trotz des in der Öffentlichkeit verlautbarten Willens und der vorliegenden Erkenntnisse den selbst gesteckten Zielen kaum nähern und wir nach langer Zeit außer einzelne Vorzeigeprojekte wenig vorzuweisen haben?

„Zu oft genügt in der Politik als Leistungsnachweis, auf überarbeitete Strategiepapiere oder ein neues Förderprogramm zu verweisen – ungeachtet dessen, ob diese geeignet sind, die gesetzten Ziele zu erreichen.“

Moorböden sind heute überwiegend land- und forstwirtschaftlich genutzt und damit Teil einer Wertschöpfungskette. Diese Wertschöpfung geht mit der Wiedervernässung in der Logik unseres bestehenden Systems verloren. Es wird Kapital vernichtet. Zu langsam begreift man, dass auch in nassen Mooren eine für die Gesellschaft ungemein wichtige Wertschöpfung stattfindet – sei es für den Landschaftswasserhaushalt, den Klima- und Naturschutz. Dieser Paradigmenwechsel muss von der Politik gewollt und begleitet und vor allem beschleunigt werden.
Es besteht jedoch weiterhin ein geringes Ambitionsniveau der Akteure. Dies zeigt sich auch im aktuellen Bund-Länder-Ziel, bis 2030 nur zehn Prozent der Mooremissionen zu mindern. Hinzu kommt der Drang, vermeintlich auftretende Widerstände zu antizipieren und durch möglichst vage und unverbindliche Formulierungen zu

umgehen, anstatt diese auszudiskutieren und zu entscheiden. Zu oft genügt in der Politik als Leistungsnachweis, auf überarbeitete Strategiepapiere oder ein neues Förderprogramm zu verweisen – ungeachtet dessen, ob diese geeignet sind, die gesetzten Ziele zu erreichen. Denn trotz der riesigen Herausforderungen und des Zeitdrucks soll Moorschutz freiwillig sein und keine Pflicht. Daher ist es in den vergangenen 15 Jahren auch nicht gelungen, wie geplant von vier auf zehn Prozent Moorlandschaften zu kommen, in denen eine Regeneration stattfinden kann. Diese Gefahr besteht auch bei dem derzeit geplanten Programm der Bundesregierung zum natürlichen Klimaschutz, in dem Moore an erster Stelle genannt werden (vgl. S. Peters ff.). Über vier Milliarden Euro sollen bis 2026 für dieses Paket zur Verfügung stehen. Wie jedoch die Strukturen in unserem föderalen System gestaltet werden, um diese zielgerichtet zu verausgaben, ist noch offen.

Moorschutz muss politischer werden

Um mehr nasse Moore und damit Räume für eine ganz besondere und faszinierende Lebenswelt zu schaffen, muss die Politik sich auf allen Ebenen wieder ihrer Kernaufgabe widmen. Dies ist in erster Linie die Umsetzung des gesellschaftlichen Willens und damit einhergehend der Ausgleich und die Abwägung verschiedener Interessen und bestehender Rechte. Bei geplanten Infrastrukturvorhaben von überwiegend öffentlichem Interesse funktioniert das regelmäßig sehr gut innerhalb weniger Jahre. In vielen Moorschutzprojekten kann eine Wiedervernässung und/oder angepasste Nutzung am Unwillen eines einzelnen oder weniger Eigentümer(innen) scheitern.

Und hier wird Ökologie in der Tat politisch. Was für einen Kilometer Straße gilt, gilt derzeit nicht für den Seggenrohrsänger und seinen Lebensraum. Ihm ist nur bedingt mit weiteren unverbindlichen Förderprogrammen geholfen. Vor dem Hintergrund der vor uns liegenden, großen Herausforderungen im Biodiversitäts- und Klimaschutz sowie des kurzen uns zur Verfügung stehenden Zeitfensters werden wir ohne ein flankierendes und angepasstes Ordnungsrecht und damit auch mögliche Eingriffe in das Eigentum Einzelner nicht den nötigen Schwung bekommen, den wir insbesondere im Moorschutz brauchen, um die biologische Vielfalt in Deutschland nicht nur zu sichern, sondern wieder zu erhöhen.

Anmerkung
Eine ausführliche Liste der verwendeten Quellen stellen die Autor(inn)en gerne auf Anfrage zur Verfügung.

Welche schlechte Angewohnheit würden Sie gern im Moor versenken?
a) Die Angewohnheit über Missstände wieder und wieder zu reden, ohne sie lösungsorientiert bei den Wurzeln zu packen.
b) Die bei vielen vorhandene Bereitschaft, sich mit Unzureichendem zufrieden zu geben.
c) Nasse Moore machen mich langsamer, und das ist öfters mal gut so.

Zu den Autor(inn)en
a) Vera Luthardt ist Biologin und seit 1993 an der HNEE Professorin für Vegetationskunde und Angewandte Pflanzenökologie. Sie ist zudem eine der wiss. Leiter(innen) des Biosphere Reserves Instituts an der HNEE und leitet den Naturschutzbeirat des Landes Brandenburg.
b) Felix Grützmacher ist Diplom-Geograf und seit 2010 Referent für Moorschutz beim NABU Bundesverband. Er ist an der Planung und Umsetzung von konkreten Moorschutzprojekten beteiligt.
c) Franziska Tanneberger ist Moorökologin an der Universität Greifswald und Leiterin des Greifswald Moor Centrum. Sie ist Herausgeberin von Standardwerken wie dem „Europäischen Moorbuch" und Hauptautorin des Global Peatland Assessment für Europa.

Kontakt
Prof. Dr. Vera Luthardt
Hochschule für nachhaltige Entwicklung
Eberswalde (HNEE)
Fachbereich Landschaftsnutzung
und Naturschutz
E-Mail Vera.Luthardt@hnee.de

Felix Grützmacher
Naturschutzbund Deutschland (NABU)
E-Mail felix.gruetzmacher@nabu.de

Dr. Franziska Tanneberger
Universität Greifswald
Institut für Botanik und Landschaftsökologie
E-Mail tanne@uni-greifswald.de

Moorschutz und Wertschöpfung durch Paludikultur

Ungehobene Schätze heben

Die Wiedervernässung von Mooren ist erklärtes umweltpolitisches Ziel. Doch nur wenn sich damit auch Geld verdienen lässt, wird sie sich durchsetzen. Dafür braucht es neben grundlegenden Änderungen der ordnungs- und agrarpolitischen Rahmenbedingungen auch eine ausreichende Anschubfinanzierung.

Von Achim Schäfer und Wendelin Wichtmann

Paludikultur ist die torferhaltende land- oder forstwirtschaftliche Nutzung nasser Moore, die sowohl traditionelle als auch neuartige Nutzungsmöglichkeiten umfasst. Einen Überblick über das breite Spektrum möglicher Pflanzenarten gibt die Datenbank der Paludikulturpflanzen. (1) Die wichtigsten für Niedermoore geeigneten Pflanzenarten in Mitteleuropa sind neben der Erle *(Alnus glutinosa)* vor allem verschiedene Arten der Röhrichte und Riede wie das Gemeine Schilf *(Phragmites australis)* sowie verschiedene Rohrkolben- *(Typha spec.)* und Seggenarten *(Carex spec.)*. In wiedervernässten Hochmooren können Torfmoose *(Sphagnum spec.)*, Sonnentau *(Drosera spec.)*, Wollgras *(Eriopherum spec.)* und verschiedene Beerenarten *(Vaccinium spec.)* angebaut werden.
Der zielgerichtete Anbau in nassen Mooren und die Verwertung der Biomasse ist ein Novum und bislang nur marginal in Nischenmärkten etabliert (z. B. Schilfrohrgewinnung für die Dachbedeckung oder Beweidung mit Wasserbüffeln). Große Potenziale werden im Bereich innovativer stofflicher und energetischer Verwertungsmöglichkeiten gesehen. Durch die Umstellung auf nasse Bewirtschaftung inklusive

Nutzung und Weiterverarbeitung der Biomasse können Produkte aus Paludikultur einen Beitrag für eine nachhaltige kreislauforientierte Wirtschaft leisten und damit die Umsetzung der nationalen Bioökonomiestrategie des Bundes unterstützen. (2) Mit der klimaschutzpolitisch notwendigen Wiedervernässung der Moore können und müssen in den nächsten Jahren sogenannte bodenbürtige Treibhausgasemissionen der entwässerungsbasierten, klimaschädlichen landwirtschaftlichen Moornutzung deutlich reduziert werden (vgl. S. 52 ff.). Aus Klimaschutzsicht ist es zwar nicht zwingend erforderlich, die nassen Moore weiter zu nutzen. Die zusätzliche Umstellung auf Paludikultur bietet jedoch mehr für den Klimaschutz: Sie berücksichtigt standortspezifische Anforderungen und trägt durch Rückhalt von Wasser in der Landschaft zur Anpassung an die Klimakrise bei. Ähnlich wie der Forst- und Holzsektor hat die Paludikultur ein sehr großes Potenzial, die Nachfrage nach biobasierten Rohstoffen zu befriedigen und fossile Rohstoffe zu ersetzen beziehungsweise Kohlenstoff in langlebigen Produkten aus Paludi-Biomasse festzulegen. Durch die klimafreundliche Nutzung erhalten land- und forstwirtschaftliche sowie weiterverarbeitende Betriebe eine Perspektive für die Erschließung von Wertschöpfungspotenzialen.

Vielseitige Rohstoffe und Verwertungsoptionen

Produkte aus Paludi-Biomasse haben zusätzliche positive Eigenschaften gegenüber Produkten, die auf fossilen Rohstoffen basieren. Paludikulturpflanzen haben sich mit speziellen Eigenschaften an ihren nassen Lebensraum angepasst. Rohrkolbenblätter etwa besitzen ein Luftgewebe, das den Blättern und Produkten eine sehr hohe Stabilität trotz geringen Gewichts verleiht. Andere Pflanzenarten lagern Silikate ein, die im Endprodukt brand- und pilzhemmend sind. Torfmoos hat ein sehr hohes Wasseraufnahme- und Wasserspeichervermögen sowie antimikrobielle Eigenschaften und kann als Rohstoff für gartenbauliche Kultursubstrate fossilen Torf ersetzen. Es kann auch als Rohstoff für die Herstellung von Verbandsmaterial und Windeln sowie als Verpackungsmaterial verwendet werden.
Die Tabelle 1 zeigt das weite Spektrum möglicher Verwertungsoptionen für Biomasse. Es reicht von der landwirtschaftlichen Verwertung als Streu oder Futtermittel über eine energetische Nutzung in Biogasanlagen oder über eine direkte

Verbrennung bis hin zur Produktion von Baustoffen wie Dachbedeckungsmaterial, Isolierstoffen und Konstruktionsplatten. (3)
Da Rohstoffe aus Paludikultur in der Regel nur eingeschränkt transportwürdig sind, bietet sich die regionale Verarbeitung zu Zwischen- und Endprodukten dort an, wo sie erzeugt werden. Dadurch kann die Wertschöpfung in strukturschwachen

1 Verwertungsoptionen für Biomasse aus nassen Mooren

Sektor	Verwertung	Pflanzenart
Landwirtschaft und Gartenbau	Futter: Heu, Silage, Weide	Großseggen, Kleinseggen, Rohrglanzgras, Schilf, Rohrkolben
	Einstreu	
	Dünger (Kompost)	
	Substrate, Erden, Kompost	Torfmoose, alle Grasartigen
Industrie / Handwerk	Baustoffe: Dachbedeckung, Konstruktion, Isolation	Schilf, Rohrkolben
	Bauholz	Erle
	Form-Körper: Einweggeschirr, Gesteckträger, Gittersteine	Großseggen, Kleinseggen, Rohrglanzgras, Schilf, Erle, Rohrkolben
	Papier (Zellulose), Verpackungsmaterialien	
	Chemische Grundstoffe: Milchsäure, Lignin, Kohle, „Phytomining"	
	Korbwaren	Weide
	Möbelholz	Erle
Energie	Brennstoff	Großseggen, Kleinseggen, Rohrglanzgras, Schilf
	Biogassubstrat	
	Flüssige Kraftstoffe: Bio-Diesel, Bio-Alkohol	
Andere	Medikamente	Sonnentau, Fieberklee
	Nahrungsmittel	Rohrkolben, Beeren, Büffelfleisch

_Quelle: verändert nach Wichtmann, W. / Wichmann, S. (2011): Paludikultur: Standortgerechte Bewirtschaftung wiedervernässter Moore. Telma Beiheft 4: 215 - 234.

ländlichen Räumen erfolgen und dort einen Beitrag zur klimafreundlichen Transformation und zur Entwicklung ländlicher Räume leisten.

Paludikultur steckt noch in den Kinderschuhen

Seit den 1980er-Jahren wurden in den nördlichen Bundesländern etwa 70.000 Hektar Moore wiedervernässt. (4) Die ersten Wiedervernässungsmaßnahmen dienten der Marktentlastung von Agrarprodukten und dem Naturschutz. Die Zielsetzungen und die Anforderungen an die künftige Moornutzung haben sich in den vergangenen Jahren stark geändert. Bis zum Jahr 2045 müssen in Deutschland alle Moore wiedervernässt werden, um gesetzlich verbindliche Klimaschutzziele umzusetzen. Bei der Ausgestaltung zielführender wirtschafts- und ordnungspolitischer Instrumente müssen die verfassungsrechtlich garantierten Grundrechte sowie internationale umweltrechtliche Vereinbarungen (z. B. Klimarahmenkonvention) beachtet werden (vgl. S. 80 ff.).

Obwohl das Konzept der Paludikultur schon über 20 Jahre bekannt ist, wurden bislang nur kleinflächige wissenschaftlich motivierte Pilotprojekte zur Einrichtung von Paludikulturen realisiert. Hier konnten und können weiterhin Daten zum Einsatz angepasster Anbau- und Erntetechnik und zum Wassermanagement erhoben werden, um daraus wertvolle Empfehlungen für eine weitere Umsetzung von Paludikulturen ableiten zu können. Auch beispielhafte und innovative Verwertungs- und Verarbeitungslinien lassen sich auf dieser Maßstabsebene testen und weiterentwickeln. Für die Bewältigung der großen gesellschaftlichen Herausforderungen bei der Neuorientierung der Moornutzung kann die großflächige Umsetzung von Paludikultur einen wertvollen Beitrag leisten. Die nächsten Schritte wären daher die Vorbereitung und Realisierung von großflächigen, teileinzugsgebietsbezogenen Wiedervernässungen von Mooren und Maßnahmen zur Umstellung.

Die raumgreifende Erschließung der endogen vorhandenen Wertschöpfungspotenziale der Paludikultur für eine nachhaltige, kreislauforientierte Wirtschaft wird aber nur dann gelingen, wenn für die landwirtschaftlichen und weiterverarbeitenden Betriebe die Aussicht besteht, dass sie durch die Umstellung auf Paludikultur ein dauerhaftes Betriebseinkommen erwirtschaften können. Aus betriebswirtschaftlicher Sicht ist die Umstellung von der entwässerungsbasierten landwirtschaft-

lichen Moornutzung auf Paludikultur mit zusätzlichen Investitionen und Risiken verbunden. Landwirtschaftliche Betriebe brauchen vor allem klare Signale von den Märkten, dass das, was sie auf nassen Mooren produzieren, auch wertschätzend nachgefragt und honoriert wird.
Denn gerade die Markteinführungsphase für innovative Produkte kann sehr kostenintensiv sein und wirkt sich in den meisten Fällen eher negativ auf den Gewinn aus, weil die landwirtschaftlichen und die weiterverarbeitenden Betriebe zunächst Erfahrungen sammeln und in Ernte- und Verarbeitungstechnik investieren müssen. Daher sind in dieser Phase häufig noch keine kostendeckenden Einnahmen aus dem Verkauf der Produkte zu erwarten. Weil nicht nur der notwendige Technologiewechsel beim Anbau der Biomasse und der Weiterverarbeitung, sondern auch die erforderliche Markteinführung der Paludi-Produkte derzeit noch real vorhandene Umsetzungshemmnisse darstellen, muss zugleich mit der Förderung der Etablierung von Paludikultur auch die Weiterverarbeitung der Paludi-Biomasse und die Weiterentwicklung von Paludi-Produkten vorangebracht werden, damit die schwierige Phase der Markteinführung überwunden werden kann.

Finanzielle Anreize und eine flankierende Förderung sind nötig

In der Nationalen Moorschutzstrategie, der Bund-Länder-Zielvereinbarung zum Klimaschutz durch Moorbodenschutz und im Koalitionsvertrag der aktuellen Bundesregierung wird Paludikultur als ein wesentlicher Bestandteil des Moorklimaschutzes ausdrücklich genannt. Im Rahmen einer Förderung durch den Bund wurden in einigen Bundesländern erste zaghafte Pilotprojekte mit einer Umstellung der Bewirtschaftung im Betriebsmaßstab auf den Weg gebracht. Hier sollen in den nächsten Jahren auf jeweils mehreren Hundert Hektar neben der Betrachtung von Umweltaspekten – wie Auswirkungen auf Treibhausgasemissionen, Nährstoffreduktion und Biodiversität – Erhebungen zum schlagkräftigen Einsatz der Erntetechnik mit Auslastung der Spezialmaschinen sowie Untersuchungen zur Bestandesführung und Analysen zur Wirtschaftlichkeit auf Betriebsebene vorgenommen werden. Auch die an die Bereitstellung größerer Mengen an spezifischer Biomasse anknüpfenden Wertschöpfungsketten können in einer wirklichkeitsnäheren Dimension weiter ausgebaut und ausprobiert werden.

Eine großflächige Umsetzung von Paludikultur wird langfristig jedoch nur dann möglich sein, wenn die verschiedenen Paludikulturverfahren sowohl aus betriebswirtschaftlicher Sicht als auch aus volkswirtschaftlicher Sicht vorteilhaft sind. Die Möglichkeit, nasse und wiedervernässte Moore in Paludikultur zu nutzen, bedeutet nicht nur für die landwirtschaftlichen Betriebe einen Paradigmenwechsel. Der Einstieg in eine nachhaltige kreislauforientierte Wirtschaft im Bereich der Moornutzung verlangt im Vorfeld radikale Änderungen der ordnungs- und agrarpolitischen Rahmenbedingungen.

Aus volkswirtschaftlicher Sicht müssen die klimaschädlichen Subventionen für die entwässerungsbasierte Moornutzung aus der 1. Säule der Gemeinsamen Agrarpolitik (GAP) und aus Moorschutzprogrammen der 2. Säule der GAP beziehungsweise anderen Finanzierungsinstrumenten, die derzeit noch diesen aus Steuergeldern finanzierten »Sockelbetrag« überbieten müssen, dringend abgeschafft werden. Begleitend dazu bedarf es auch einer Konkretisierung ordnungsrechtlicher Regelungen, die vor allem die Umsetzung der Guten fachlichen Praxis (5) für die klimafreundliche Moornutzung betrifft und entsprechend dem Verursacherprinzip schnellstmöglich rechtssicher verankert werden sollte.

Damit sich die schwierige Phase bis zum erfolgreichen Markteintritt bewältigen lässt, müssen zusätzlich zielgerichtete flankierende Finanzierungsinstrumente eingesetzt werden, mit denen das »Tal des Todes« als kritischste Phase des Produktlebenszyklus überwunden werden kann. Hierzu gehören vor allem die Innovations- und Investitionsförderung, womit die Forschung und Entwicklung beim Anbau der Paludi-Biomasse sowie die Markteinführung von klimafreundlichen Paludi-Produkten gefördert werden sollte (vgl. S. 87 ff.). Um eine relevante Flächenkulisse in Paludikultur zu bringen, müssen Planungsinstrumente an die Anforderungen, die sich durch die spezifischen Bedingungen der Moore ergeben, angepasst und zum Beispiel im Rahmen von Flurneuordnungsverfahren großflächig und teileinzugsgebietsbezogen angewendet werden. Zum Abbau der vorhandenen Hemmnisse für die Umstellung auf Paludikultur sollten die landwirtschaftlichen und die weiterverarbeitenden Betriebe, ähnlich wie bei der politisch gewünschten Förderung des Ökolandbaus oder der Markteinführung von alternativen Energien, für eine Übergangsphase finanzielle Anreize und eine flankierende Förderung erhalten.

Anmerkungen

(1) Abel, S. / Kallweit, T. (2022): Potential Paludiculture Plants of the Holarctic. Greifswald Moor Centrum-Schriftenreihe.
(2) Schäfer, A. / Nordt, A. / Peters, J. / Wichmann, S. (2022): Anreize für Paludikultur zur Umsetzung der Klimaschutzziele 2030 und 2050. Umweltbundesamt, Dessau-Roslau.
(3) Wichtmann, W. / Schröder, C. / Joosten, H. (Hrsg.) (2016): Paludikultur – Bewirtschaftung nasser Moore. Klimaschutz – Biodiversität – regionale Wertschöpfung. Schweizerbart, Stuttgart.
(4) Barthelmes, A. / Abel, S. / Barthelmes, K.-D. / Couwenbrg, J. / Kaiser, M. / Reichelt, F. / Tanneberger, F. / Joosten, H. (2021): Evaluierung von Moor-Wiedervernässungen in Deutschland – Ergebnisse, Erfahrungen und Empfehlungen. Naturschutz und Biologische Vielfalt, Heft 171: 121 - 148.
(5) Wichtmann, W. / Abel, S. et al. (2018): Gute fachliche Praxis der Bewirtschaftung von Moorböden – Positionspapier (Langfassung). Natur und Landschaft 93 (8).

Welche schlechte Angewohnheit würden Sie gern im Moor versenken?

a) Der Letzte zu sein.

b) Alle Sorgen dieser Welt – Hauptsache, das Moor ist und bleibt nass – Entsorgung als naturbasierte Lösung.

Zu den Autoren

a) Achim Schäfer ist Ökonom und seit 1996 am Lehrstuhl für Allgemeine Volkswirtschaftslehre und Landschaftsökonomie an der Universität Greifswald tätig. Seit 2001 ist er im Vorstand beim Institut für Dauerhaft Umweltgerechte Entwicklung von Naturräumen der Erde in Greifswald (DUENE e.V.).

b) Wendelin Wichtmann ist als Agrarwissenschaftler tätig in der Arbeitsgruppe Landschaftsökonomie an der Universität Greifswald, bei der Succow Stiftung und im Vorstand bei DUENE e.V.

Kontakt

Achim Schäfer
Universität Greifswald
AVWL und Landschaftsökonomie
E-Mail schaefea@uni-greifswald.de

Dr. Wendelin Wichtmann
Michael Succow Stiftung
E-Mail wichtmann@succow-stiftung.de

Wassermanagement in Zeiten des Klimawandels

Wie viel Wasser brauchen Moore?

Wiedervernässung ist leichter gesagt als getan. Stellt sie doch die Wasser- und Landwirtschaft, aber auch den Naturschutz und die Raumplanung vor erhebliche Herausforderungen. Doch die Mühe lohnt sich, denn von neunassen Landschaften profitieren Landwirtschaft, Gewässer-, Klima- und Moorschutz gleichermaßen.

Von Michael Trepel

Um das gesellschaftlich angestrebte Ziel der Treibhausgasneutralität innerhalb der kommenden 25 Jahre zu erreichen, müssen auch die Treibhausgasemissionen aller entwässerten Moorböden weitestgehend reduziert werden. Das bedeutet, dass im Idealfall mittlere sommerliche Wasserstände für Torfbildung von maximal zehn Zentimeter unter Flur oder bei zumindest torferhaltenden Wasserständen von zehn bis 45 Zentimeter unter Flur wiederhergestellt werden müssen (1). Diese Aufgabe stellt die Wasser- und Landwirtschaft, aber auch den Naturschutz und die Raumplanung vor erhebliche Herausforderungen, zumal Konflikte mit Landeigentümer(inne)n absehbar sind.

Die Entwässerung der Landschaft hat in Deutschland eine mehr als drei Jahrhunderte lange Geschichte. Die Begriffe Urbarmachung, Kultivierung oder Melioration der als Ödland bezeichneten Moore, Sümpfe oder Heiden sind positiv konnotiert (vgl. S. 32 ff). Mit der Entwässerungstradition zu brechen, bedeutet, einen Paradigmenwechsel im Umgang mit Wasser in der Landschaft einzuleiten, der nicht allein auf die Vernässung von Mooren beschränkt sein kann, sondern den gesamten

Landschaftswasserhaushalt in den Blick nehmen muss – eine große Herausforderung für alle Beteiligten. In diesem Zusammenhang möchte ich fünf Thesen für ein zukunftsfähiges und ressourcenschonendes Wassermanagement in Mooren und der sie ernährenden Landschaft diskutieren.

1. *Der Zustand und die Ausdehnung eines Moores spiegeln die Verhältnisse in dem zum jeweiligen Moor gehörenden Einzugsgebiet*: Je nach Herkunft des Wassers werden verschiedene hydrogenetische Moortypen unterschieden. (2) Für die Renaturierung Regenwasser-gespeister Hochmoore ist es nicht ausreichend, allein das Regenwasser im Moor zu halten, sondern es muss auch eine ausreichend breite hydrologische Pufferzone um den eigentlichen Hochmoorkörper etabliert werden, damit im Hochmoor das gesammelte Regenwasser am Abfluss gehindert wird. In Grundwasser- oder Überflutungsgeprägten Niedermooren reicht es nicht aus, die Gräben und Drainagen zurückzubauen und allein den Wasserstand im Torfkörper zu erhöhen, es muss auch der Austausch mit dem zufließenden Wasser durch den Rückbau von Deichen und Schöpfwerken oder Anheben von Gewässersohlen verbessert werden. Bei der Planung von Vernässungsmaßnahmen muss daher nicht nur der Standort, sondern auch das Einzugsgebiet eines Moores im Rahmen einer hydrologischen Systemanalyse auf verschiedenen Landschaftsebenen betrachtet werden. (3) Dabei ist in trockenheitsgefährdeten Regionen zu prüfen, ob sich durch den Wechsel von Kulturpflanzen oder Baumarten die Grundwasserneubildung im Einzugsgebiet positiv beeinflussen lässt.

2. *Die Gesellschaft profitiert von einer nasseren Landschaft mit flächendeckend höheren Grundwasserständen:* Gegenwärtig unterscheidet sich die Landnutzung in grundwassernahen Regionen kaum von der Landwirtschaft in grundwasserfernen Regionen – in beiden wird intensiv gewirtschaftet, um Höchsterträge zu erzielen. An grundwassernahen Standorten wird diese intensive Bewirtschaftung durch die Wasserwirtschaft mit Gewässerunterhaltung und dem Betrieb von Schöpfwerken erst ermöglicht. Die Folgen für die Umwelt und Gesellschaft wie erhöhte Nährstoffausträge, hohe Treibhausgasemissionen, hohe Höhenverluste und hohe Beiträge an Gewässerunterhaltungsverbände sind bekannt. Von einer »nassen

Landschaft« würde nicht nur die Umwelt profitieren (4), indem sich Stoffausträge vermindern. Eine Wiederherstellung von Überflutungsräumen oder Durchströmungsbereichen verbessert die Stoffrückhaltung und trägt dazu bei, die diffusen, unvermeidbaren Nährstoffausträge landwirtschaftlicher Nutzungen zurückzuhalten, so dass sich ebenfalls die Stoffeinträge in Flüsse, Seen und Meere verringern. Nasse Landschaften wirken kühlend auf das Klima und können dazu beitragen, die Wirkung von Hitzewellen auf die Gesundheit abzumildern. In nassen Landschaften werden Bäche und Flüsse von breiten Flusstalmooren oder Auen begleitet, die einen natürlichen Schutz vor Hochwasser bilden und bei ausreichender Dimensionierung helfen, Kosten von extremen Unwettern zu verringern. Die Landwirtschaft kann sich in einer nassen Landschaft resistent gegenüber Witterungseinflüssen wie Dürre oder Überflutung aufstellen, indem sie vielfältige, unterschiedliche empfindliche Früchte anbaut. (5) In den letzten Jahrzehnten wurden Erträge weniger von der Düngung als vielmehr vom Wasserdargebot beeinflusst. In nassen Landschaften können in trockenen Zeiten sonst nasse Moorflächen Futterreserven bieten, die andernfalls zugekauft werden müssten. Darüber hinaus bietet die (stoffliche) Nutzung der Biomasse von vernässten Mooren - Paludikultur - erhebliche Potenziale bei der Nutzung nachwachsender Rohstoffe zum Beispiel als Baumaterial (vgl. S. 66 ff.). Die Entwicklung von effizienten Wertschöpfungsketten für diese Produkte wird sich durch eine konsequent auf Kreislaufwirtschaft ausgerichtete Ressourcennutzung beschleunigen.

3. Nasse Landschaften sind dynamisch: Der Wasserhaushalt wachsender Moore ist von hoher zeitlicher wie räumlicher Dynamik geprägt. Auf der Standortebene nehmen die Grundwasserflurabstände im Frühjahr mit einsetzendem Vegetationswachstum ab, erreichen im Sommer ihre Tiefststände und nehmen zum Winter hin wieder zu. Je nach Moortyp wird diese jahreszeitlich bedingte Dynamik von anderen Faktoren überlagert. Überflutungen treten häufig im Frühjahr nach Schneeschmelzen oder Stürmen auf. Ein Grundwasserzustrom an quelligen Standorten führt ganzjährig zu konstant hohen Wasserständen. Innerhalb eines Moorkörpers agieren meist unterschiedliche hydrologische Verhältnisse miteinander und formen so die Individualität jeden Moores. Durch die Melioration wurde diese auf kleins-

„Durch eine konsequente Vernässung und Wasserhaltung können Veränderungen im Wasserdargebot durch den Klimawandel leicht abgefedert werden."

ten Gradienten beruhende hydrologische Vielfalt nahezu vollständig nivelliert. Dafür wird in der Regel ein von den Wasser- und Bodenverbänden durchgeführtes Wassermanagement benötigt, das mit steigenden Kosten verbunden und aufgrund seiner Ressourcenschädigung kritisch zu sehen ist. Um die Klimawirksamkeit entwässerter Moore zu verringern, ist es notwendig, in der Fläche den menschlichen Einfluss auf die hydrologischen Verhältnisse zu verringern, um die hydrologische Selbstorganisation nasser Moorlandschaften (wieder) zu ermöglichen. Ein technisches Management definierter Wasserstände mit dem Ziel, die Treibhausgasemissionen optimal zu beeinflussen, ist mit erheblichen Betriebs- und Investitionskosten verbunden und in der Regel auch aufgrund kleinräumig heterogener Reliefverhältnisse nicht durchführbar. In Sonderfällen, wie dem Anbau besonderer Pflanzenarten für sehr wertvolle Paludikulturprodukte, kann sich ein technisches Wassermanagement rentieren.

4. Moore lassen sich trotz Klimawandel wiederherstellen: Moore bilden sich in Landschaften mit einem Wasserüberschuss. Niedermoore decken ihren Wasserbedarf aus ihrem häufig erheblich größeren Einzugsgebiet. Durch den Klimawandel ändern sich auch wichtige Faktoren der klimatischen Wasserbilanz für Moore graduell. Bei höheren Niederschlägen im Winterhalbjahr und höheren Temperaturen im Sommer kommt es zu höheren Verdunstungsraten und veränderten Abflussdynamiken. In den meisten Moorlandschaften Deutschlands sind diese Änderungen grundsätzlich nicht so gravierend, als dass sie die Entstehung wachsender Moore nach Vernässung nicht ermöglichen würden. Ein Blick auf die Karte der Moorverbreitung in Europa zeigt, dass sich Moore auch großräumig in kontinental geprägten Landschaften wie Polen oder Weißrussland bilden konnten. (2) Die Bedingungen für wachsende Moore lassen sich auch in Regionen mit zunehmend kontinentaler werdendem Klima herstellen, wenn es gelingt, die lokalen Wasserhaushaltsdefizite auszugleichen und so den Grundwasserstand in der Landschaft großräumig wieder anzuheben. Ob dies auch zum Beispiel in Verbindung mit dem Wasserbedarf für die Auffüllung der Tagebaue möglich ist, muss im Einzelfall unter Berücksichtigung der Verdunstungsraten geklärt werden. Großräumige Infrastrukturvorhaben, wie beispielsweise der Bau des Nord-Ostsee-Kanals in Schleswig-Holstein, haben zu einem großflächigen, irreversiblen Absinken der Grundwasserstände geführt. In der Folge passte sich die Moorverbreitung in dieser Landschaft an die neuen hydrologischen Systembedingungen an. In vielen Fällen sind die Veränderungen im Wasserdargebot eines Moores durch den Klimawandel geringer als der entwässerungsbedingte Abfluss. Durch eine konsequente Vernässung und Wasserhaltung können Veränderungen im Wasserdargebot durch den Klimawandel leicht abgefedert werden.

5. Nasse Moore brauchen neues Wissen: Um das Ziel der Treibhausgasneutralität in Deutschland zu erreichen, müssen auch die entwässerten Moorböden weitestgehend vernässt werden. Hierfür werden andere Kenntnisse als bei der Entwässerung von Moorlandschaften benötigt. (6) Die Vernässung von Moorlandschaften muss daher in das Curriculum der wasserwirtschaftlichen und Paludikultur in die landwirtschaftliche Ausbildung integriert werden. Eine landwirtschaftliche Vernässungslehre muss als Lehrinhalte Grundlagen der klimatischen Wasserbilanz und des Landschaftswasserhaushalts, Methoden der Einzugsgebietsanalyse und des Managements wie auch Vernässungstechniken – wie Staue, Steuerung – vermitteln. Für die Verwaltung und wasserwirtschaftliche Bewirtschaftung großräumig vernässter Flächen werden Institutionen benötigt, die mit möglichst geringen Kosten das Wasser in solchen Flächen halten. Ob die Wasser- und Bodenverbände diese Aufgabe annehmen oder ob sie zum Beispiel Naturschutzstiftungen zugeordnet wird, entscheidet sich regional, welche Institution die Belange eines ressourcenschonenden Wassermanagements am wirksamsten umsetzen kann.
Für die Vernässung von Mooren muss vor allem das dem Moor zufließende Wasser länger im Moor gehalten werden. Dazu ist es in vielen Fällen notwendig, auch den

Grundwasserstand in der Moorumgebung anzuheben. Von solch neunassen Landschaften profitieren Landwirtschaft, Gewässer-, Klima- und Moorschutz gleichermaßen.

Anmerkungen

(1) Närmann, F. et al. (Hrsg.) (2021): Klimaschonende, biodiversitätsfördernde Bewirtschaftung von Niedermoorböden. BfN-Skripten 616, Bundesamt für Naturschutz, Bonn-Bad Godesberg.

(2) Joosten, H. / Tanneberger, F. / Moen, A. (Hrsg.) (2017): Mires and Peatlands of Europe: Status, Distribution and Conservation. Schweizerbart Science Publishers, Stuttgart.

(3) Engelen, G. B. / Kloosterman, F. H. (1996): Hydrological systems analysis: methods and applications. Heidelberg.

(4) Joosten, H. / Clarke, D. (2002): Wise use of mires and peatlands - Background and principles including a framework for decision-making. International Mire Conservation Group / International Peat Society.

(5) Moon, D. (2014): The Plough that Broke the Steppes. Agriculture and Environment on Russia's Grasslands, 1700–1914. Oxford.

(6) BMUV (2021): Nationale Wasserstrategie. Berlin.

Welche schlechte Angewohnheit würden Sie gern im Moor versenken?

Die Vorstellung, die gegenwärtigen (ökologischen und sozialen) Krisen allein durch technischen Fortschritt lösen zu können.

Zum Autor

Michael Trepel hat Biologie und Ökologie studiert. Er unterrichtet als Privatdozent Feuchtgebietsmanagement an der Universität Kiel und ist als Referent im Umweltministerium Schleswig-Holstein für einzugsgebietsbezogenes Nährstoffmanagement und die Entwicklung einer Niederungsstrategie zuständig. Er gibt hier seine persönliche Auffassung wieder.

Kontakt

Dr. habil. Michael Trepel
Ministerium für Energiewende, Landwirtschaft, Umwelt, Natur und Digitalisierung des Landes Schleswig-Holstein
E-Mail michael.trepel@melund.landsh.de

BOHLENWEGE

Theoretisch sind sich alle einig. Bei der praktischen Umsetzung hapert es aber noch gewaltig auf Bundes- und Landesebene in Sachen Wiedervernässung landwirtschaftlich genutzter Moorflächen. Um offene Fragen im Konsens mit allen Beteiligten zu klären, sollten die Verantwortlichen von den Erfahrungen der Kohlekommission lernen. – Wie werden Moorschutzkonzepte zum Verkaufsschlager? Kann die Kombination von Paludikulturen und Fotovoltaik zum klimapolitischen Hebel werden? Lässt sich konsequenter Moorschutz finanzieren?

_Auf wiedervernässten Niedermooren lässt sich Rohrkolben anbauen. Wegen seines Blattgewebes mit vielen Luftkammern eignet er sich gut als Rohstoff für ökologische Dämm- und Baumaterialien.

Illustration: Sarah Heuzeroth

Moorschutzkonzepte und -instrumente im Überblick

Vom Nischenprodukt zum Verkaufsschlager?

Durch die Klimakrise rückt die Rolle der Moore als Kohlenstoffspeicher einerseits und Treibhausgasquelle andererseits in den Fokus von Politik und Öffentlichkeit. Neue politische Programme und Instrumente auf EU-, Bundes- und Landesebene sollen dem Moorschutz in der Fläche nun endlich zum Durchbruch verhelfen. Noch ist aber nicht ausgemacht, ob das gelingt.

Von Jan Peters und Sabine Wichmann

Schon vor über 100 Jahren wurden angesichts der weitreichenden Entwässerung der Moore in Deutschland einzelne Moorgebiete unter Naturschutz gestellt, um sie mit ihrer charakteristischen Flora und Fauna exemplarisch als letzte Relikte zu bewahren. Die Erschließung und Kultivierung der großen Moorlandschaften zur Nahrungsmittelproduktion und als Siedlungsraum wurde hingegen immer weiter intensiviert. Der industrielle Torfabbau – die wohl direkteste und augenscheinlichste Form der Moorzerstörung – mündete in den 1980er-Jahren in der ersten systematischen Betrachtung von Schutz, Nutzung und Wiedervernässung von Mooren in Form des niedersächsischen Moorschutzprogramms. Dieses erste Moorschutzkonzept blieb jedoch auf die Vermittlung zwischen Torfabbau und dem Hochmoorschutz begrenzt. Die vorherrschende landwirtschaftliche Nutzung von Moorböden dagegen wurde lange Zeit kaum kritisiert, sondern in erster Linie als zivilisatorischer

Fortschritt anerkannt und das Aussehen der durch tiefe Entwässerung entstandenen Gebiete als angestammte Kulturlandschaft wahrgenommen (vgl. S. 32 ff.). Erst mit der Klimadebatte und dem wissenschaftlichen Fortschritt in der Treibhausgasmessung auf Moorböden rückte das einstige Nischenthema Moorschutz immer mehr in den Fokus der Politik und der Zivilgesellschaft. Der politische und gesellschaftliche Diskurs adressierte zunehmend praktisch alle Moorflächen, auch die tief entwässerten Acker- und Grünlandflächen, Niedermoorflächen und nicht nur eine sehr beschränkte (Hochmoor-)Naturschutzkulisse. (1)

Außerdem wurden Synergien mit anderen Umweltzielen wie Biodiversitätsschutz, Wasserhaushalt und -qualität, aber auch Klimaanpassung in die Betrachtung mit einbezogen. Seit dem Jahr 2000 haben daher sukzessive alle moorreichen Bundesländer landesspezifische Moorschutzprogramme erarbeitet (vgl. S. 18 ff.). Auch auf Bundesebene werden in den Programmen zur Erreichung der nationalen Klimaziele zunehmend Moorböden als wichtige Kohlenstoffspeicher benannt. Als Meilenstein beschloss noch die Große Koalition unter Angela Merkel mit den Ländern 2021 eine Bund-Länder-Zielvereinbarung zum Klimaschutz durch Moorbodenschutz. Die vom Bundesumweltministerium veröffentlichte, konzeptionell begleitende Moorschutzstrategie soll gemäß dem Koalitionsvertrag der Ampel-Regierung in der laufenden Legislaturperiode zu einer wirklichen, vom gesamten Kabinett getragenen Handlungsmaxime der Bundesregierung weiterentwickelt werden. Zur Ausgestaltung der Maßnahmen hat die Bundesumweltministerin zuletzt die Eckpunkte eines Aktionsprogramms „Natürlicher Klimaschutz" vorgestellt, das im Zeitraum von 2022 bis 2026 mit insgesamt vier Milliarden Euro finanziert wird und in dem den Mooren eine Schlüsselrolle zukommt.

Herausforderung Moortransformation

Mehr und mehr wird klar, dass es zur Eindämmung der Menschheitskrisen Klimakatastrophe und Artenmassensterben auch eine große Moortransformation braucht, die unseren Umgang mit der kulturell verwurzelten und landschaftsprägenden Entwässerungslandwirtschaft grundlegend verändern wird. Diese Transformation ist durchaus mit den Herausforderungen des Kohleausstiegs in Deutschland vergleichbar. Um das im Klimaschutzgesetz verankerte Ziel der Treibhausgasneutrali-

tät bis 2045 zu erreichen, müssten innerhalb der nächsten zwei bis drei Jahrzehnte jedes Jahr durchschnittlich 50.000 Hektar Moorböden wiedervernässt werden. Offensichtlich lassen sich Landnutzungsänderungen dieser Größenordnung nur in Kooperation mit der Bevölkerung in moorreichen Regionen bewältigen. Schutz mit Wildnis- und Naturentwicklung sowie Restauration sind dabei nicht mehr die alleinigen Instrumente, sondern auch die produktive Bewirtschaftung mit hohen Wasserständen durch Paludikultur (vgl. S. 66 ff.) oder auch die Errichtung von Photovoltaik- und Windkraftanlagen auf wiederzuvernässenden Flächen müssen als Option einbezogen werden (vgl. S. 97 ff.), um weg von einzelnen Projekten hin zu breit angelegten Programmen für die gesamte Moorfläche zu kommen.
Bei diesem Paradigmenwechsel geht es weg von einer einseitigen, produktionsorientierten Wertabschöpfung, wie wir sie durch fortschreitenden Torfschwund derzeit sehen, hin zum Werterhalt und der gleichzeitigen Bereitstellung verschiedener Ökosystemleistungen nasser Moore. Dafür gibt es leider keine Musterlösung, es braucht vielmehr in den Regionen spezifische, maßgeschneiderte Lösungen für eine große Moortransformation. Die Akteurinnen und Akteure vor Ort müssen zum aktiven Gestalten befähigt werden, indem Hemmnisse abgebaut und stattdessen ökonomische Anreize gesetzt werden. Denn sie bringen die beste Expertise zur Vernässung und für das Management ihrer Moore mit: die Flächeneigentümer, Landwirtinnen, Wasserwirtschaftler(innen), Landschaftspflegeverbände, Natur- und Klimaschützer(innen), Biomasse-Verwertungsunternehmen jeglicher Couleur und natürlich auch die Bürger(innen), die in der Landschaft leben und weiter gut leben wollen.

Anreize und Rahmenbedingungen für Wiedervernässung

Sowohl die großflächige Wiedervernässung als auch die Nutzung nasser Moore stellen Neuland dar. Neben verständlichen Vorbehalten der Flächennutzenden, Eigentümer(innen) und Anwohner(innen), dem Investitionsbedarf sowie den praktischen Herausforderungen der Umstellung von Wassermanagement und Bewirtschaftung auf regionaler Ebene sowie der Entwicklung neuer Wertschöpfungsketten zählen auch die bestehenden agrar- und förderpolitischen sowie rechtlichen Rahmenbedingungen zu den Hemmnissen. (2, 3)

Agrarpolitik: Die entwässerungsbasierte Landwirtschaft im Moor, die für einen Großteil der negativen Umweltauswirkungen verantwortlich ist, wird maßgeblich durch die Gemeinsame Agrarpolitik der EU (GAP) und ihre Umsetzung in Deutschland gesteuert – und hat dabei die Entwicklung von Paludikultur in den vergangenen Jahren mehr behindert als unterstützt. Während Landwirtschaft auf entwässerten Mooren gefördert wurde, erhielten wiedervernässte Moore in der Regel keine Agrarzahlungen. Die neue GAP-Förderperiode ab dem Jahr 2023 bietet hier endlich Chancen, gegenzusteuern: Flächen in Paludikultur sollen ihre Förderfähigkeit behalten können und umstellenden Landwirten und Landwirtinnen damit ein Risiko und bisherige Benachteiligung genommen werden. Außerdem soll über einen neuen Mindeststandard der gute landwirtschaftliche und ökologische Zustand von Mooren und Feuchtgebieten gesichert werden. Der etablierte Instrumentenkasten zur Förderung der ländlichen Entwicklung ließe sich unter anderem mit Agrar-Umwelt-Klimamaßnahmen, Machbarkeitsstudien, Flurneuordnung, Investitionsbeihilfen sowie Beratung, Wissenstransfer und Kooperation auch gezielt für die Transformation der Moorlandwirtschaft einsetzen. (4) Leider bleiben die Bundesregierung und die Länder mit ihrem bei der EU vorgelegten Strategieplan hinter einer möglichen, ambitionierten Ausgestaltung zurück – sowohl bezüglich der Mindeststandards als auch der Schaffung umfassender Anreize. Insbesondere im Kontext der übergeordneten Ziele, wie des Green Deals der EU, wäre eine Nachbesserung des Strategieplans, auch und gerade im Bereich Moor, dringend erforderlich.

Finanzierungsinstrumente: Die bewährte GAP-Förderung über den Europäischen Landwirtschaftsfonds für die Entwicklung des ländlichen Raums (ELER) wird angesichts der heterogenen Ziele und begrenzter Mittel jedoch nicht ausreichen, um die Transformation moorreicher Regionen im notwendigen Umfang zu initiieren. Weitere Finanzierungsinstrumente wie das EU-Förderprogramm für Umwelt, Naturschutz und Klimapolitik (LIFE) sowie der Europäische Fonds für regionale Entwicklung (EFRE) können ebenfalls für Moorschutzprojekte, Forschungsförderung oder Innovations- und Investitionsförderung eingesetzt werden. Nicht zuletzt ist die zukünftige, deutliche Erhöhung von Bundesmitteln – wie jetzt mit dem Titel „Aktionsprogramm Natürlicher Klimaschutz" aus dem Sondervermögen Energie-

„Eine reine Freiwilligkeit von Moorschutz-Maßnahmen wird nicht zur notwendigen Planungssicherheit der land- und forstwirtschaftlichen, aber auch verarbeitenden Betriebe führen.“

und Klimafonds angedacht – und auch von Landesmitteln zwingend erforderlich. Eine gute Verzahnung der Angebote verschiedener Finanztöpfe wie EU-, Bundes-, und Landesmittel ist hierbei unersetzlich, um eine effektive Förderlandschaft zu etablieren und einer Verwirrung potenzieller Fördermittelnehmer von Anfang an entgegenzuwirken.

Kapazitätsaufbau: Neben diesen förderpolitischen Rahmenbedingungen braucht es für solch umfassende Umstellungsprozesse vor allem Menschen, die vor Ort sind, zuhören, die Bedürfnisse von Flächen-Eigentümer(inne)n und -nutzer(inne)n aufnehmen und sich für die Bündelung und den Ausgleich von Interessen einsetzen. Solche »Kümmerer« können dann erfolgreich sein, wenn es gleichzeitig eine gute Ausgestaltung von Agrarförderung und Strukturförderung, inklusive einer Stärkung der nachgeordneten Verarbeitung und Vermarktung von neuen Produkten gibt. Auch muss viel stärkeres Augenmerk auf Aus- und Weiterbildung zum Moorschutz gelegt werden, sonst fehlt schlicht kompetentes Personal für die Planung, Genehmigung und Umsetzung. In Wasserwirtschaft, aber auch Land- und Forstwirtschaft gehört Moorschutz frühzeitig in die Lehrpläne, denn hier liegen echte Zukunftsfelder für junge Menschen. In den Ländern werden mehr Kapazitäten und feste Strukturen für die Moorwiedervernässung benötigt. Für diese Aufgabe und die stärkere Koordination der Maßnahmen können Moor-Klimaschutzagenturen eingerichtet werden. Sie sollten über Flächenpools verfügen, Vorhabenträger(innen) von Moorschutzprojekten unterstützen, Akteure vernetzen, Emissionseinsparungen quantifizieren und die Inwertsetzung von nassen Mooren und Paludikultur befördern können.

Rechtliche Anpassungen: Um die Moorvernässung auf einen mit dem 1,5-Grad-Ziel kompatiblen Pfad zu bringen, sind auch Anpassungen der planungs- und ordnungsrechtlichen Rahmenbedingungen notwendig. Insbesondere ist eine substanzielle Beschleunigung von Planungs- und Genehmigungsprozessen erforderlich. In der Raumordnung, etwa in regionalen Raumentwicklungsprogrammen, ließen sich Vorranggebiete für den naturbasierten Klimaschutz auf Moorböden einführen. Zukünftig sollten zudem kleinere Sperrgrundstücke in einem größeren Einzugsgebiet nicht mehr ganze Projekte zu Fall bringen können, sondern Moorschutz als Klima- und Artenschutz im „öffentlichen Interesse" behandelt werden, was als Ziel auch im Ampel-Koalitionsvertrag benannt wird. Eine reine Freiwilligkeit von Moorschutzmaßnahmen wird nicht zur notwendigen Planungssicherheit der land- und forstwirtschaftlichen, aber auch verarbeitenden Betriebe führen. Nach einer Übergangsphase mit umfassender Förderung und Honorierung der freiwillig agierenden Pioniere, sind perspektivisch auch verpflichtend wirkende Instrumente wie beispielsweise ordnungsrechtliche Vorgaben oder die Einführung einer CO_2-Steuer erforderlich, um die klimapolitischen Ziele zu erreichen.

Auf der politischen Agenda hat der Moorschutz die historische Nische kleinflächiger Naturschutzprojekte bereits verlassen. In der Diskussion von Konzepten wie natürlichem Klimaschutz und naturbasierten Lösungen spielt der Moorbodenschutz eine zentrale Rolle. Bevor die großflächige Wiedervernässung sich auch vor Ort in den moorreichen Regionen zu einem »Verkaufsschlager« entwickeln kann, müssen die enormen Herausforderungen klarer kommuniziert, attraktive Förderanreize geschaffen und die rechtlichen Rahmenbedingungen klimazielkonform ausgestaltet werden.

Anmerkungen

(1) Abel, S. / Barthelmes, A. / Gaudig, G. / Joosten, H. /Nordt, A. / Peters, J. (2019): Klimaschutz auf Moorböden – Lösungsansätze und Best-Practice-Beispiele. Greifswald Moor Centrum-Schriftenreihe 3/2019.

(2) Nordt, A. / Wichmann, S. / Risse, J. / Peters, J. / Schäfer, A. (2022): Potenziale und Hemmnisse von Paludikultur. Hintergrundpapier zur Studie „Anreize für Paludikultur zur Umsetzung der Klimaschutzziele 2030 und 2050". Hg. von der Deutschen Emissionshandelsstelle im Umweltbundesamt (DEHSt), Berlin.

(3) Wichmann, S. / Nordt, A. / Schäfer, A. (2022): Lösungsansätze zum Erreichen der Klimaschutzziele und Kosten für die Umstellung auf Paludikultur. Hintergrundpapier zur Studie „Anreize für Paludikultur zur Umsetzung der Klimaschutzziele 2030 und 2050".
(4) Hirschelmann, S. / Raschke, I. / Stüber, M. /Wichmann, S. / Peters, J. (2020): Moorschutz in der Gemeinsamen Agrarpolitik - Instrumente für eine klimaverträgliche Moornutzung in Deutschland. Berichte über Landwirtschaft, 98, 3, S. 1 - 32.

Welche schlechte Angewohnheit würden Sie gern im Moor versenken?

a) All die schlechten Bilder von Mooren in der Gesellschaft als modernde, gefährliche, mückige, hässliche, unheimliche, schlicht unnütze Orte.

b) Gar keine! Aus den Augen ist nicht aus der Welt - nasse Moore bewahren alles »Versenkte«.

Zum Autor /Zur Autorin

a) Jan Peters, Diplom-Landschaftsökologe, ist Geschäftsführer und Leiter des Programmes „Moor- und Klimaschutz" der Michael Succow Stiftung. Er hat zudem langjährige Erfahrung in internationalen Moorprojekten zu Klimaschutz und -anpassung, Biodiversitätsschutz und Entwicklungszusammenarbeit in Europa, Asien, Afrika und Südamerika.

b) Sabine Wichmann, Diplom-Landschaftsökologin, arbeitet in der Arbeitsgruppe Landschaftsökonomie an der Universität Greifswald und beim Institut DUENE. Ihre Forschungsschwerpunkte sind die Wirtschaftlichkeit von Niedermoor- und Hochmoor-Paludikultur sowie der Einfluss rechtlicher und politischer Rahmenbedingungen auf den Moorbodenschutz.

Kontakt

Jan Peters
Michael Succow Stiftung
E-Mail jan.peters@succow-stiftung.de

Sabine Wichmann
Universität Greifswald
E-Mail wichmann@uni-greifswald.de

Moorschutzfinanzierung

Ohne Moos nichts los

Der Umstieg auf eine torferhaltende Bewirtschaftung der Moore wird nicht billig, da dafür entlang der gesamten Wertschöpfungskette hohe Investitionen nötig sind. Neben staatlicher Förderung spielt daher auch die Finanzwirtschaft in diesem Transformationsprozess eine wichtige Rolle.

Von Lina M. Richter und Anke Nordt

In Deutschland werden etwa 1,3 Millionen Hektar organische Böden (1) landwirtschaftlich genutzt und dafür zu 99 Prozent entwässert. (2) Um die deutschen und internationalen Klimaschutzziele bis 2045 beziehungsweise 2050 zu erreichen, müssten ab sofort jährlich mindestens 50.000 Hektar wiedervernässt werden. (3) Das entspricht jährlich fünf Prozent der landwirtschaftlich genutzten Moorböden (vgl. S. 52 ff.). Die Transformation der Moornutzung hin zu einer torferhaltenden Bewirtschaftung erfordert hohe Investitionen entlang der gesamten Wertschöpfungskette und wird ohne staatliche Förderungen nicht finanzierbar sein. Ergänzend zur öffentlichen Förderung wird aber auch die Finanzwirtschaft eine herausgehobene Rolle im Transformationsprozess spielen müssen. Hintergrund sind unter anderem die Strategie und das damit verbundene Regelwerk der Europäischen Union unter dem Stichwort „Sustainable Finance" (Nachhaltige Finanzwirtschaft).

Die Europäische Kommission hat 2018 einen Aktionsplan zur Finanzierung nachhaltigen Wachstums entwickelt, der den europäischen Finanzmarkt und somit auch Kapitalströme verstärkt auf nachhaltige Themen ausrichten soll. Da Banken wie auch Investor(inn)en zukünftig genaue Angaben zu den Nachhaltigkeitsleistungen und -risiken ihrer Investitionen und Produkte machen müssen, gewinnen grüne und soziale Anlagen an Attraktivität. Insbesondere umwelt- und klimaschonende Wirtschaftsaktivitäten werden dadurch zukünftig von einem besseren Zugang zu Finanzmitteln profitieren, da nicht mehr alleine die Profitabilität von Investitionen im Fokus steht. Integrierte Förderangebote aus Kapitalmarktmitteln von Förderbanken und Haushaltsmitteln des Bundes bieten die Chance, den Transformationsprozess der Landwirtschaft auf Moorböden unter ökonomisch tragbaren Bedingungen umzusetzen.

Ein Henne-Ei-Problem

Bei der »klassischen« naturschutzorientierten Wiedervernässung wird das landwirtschaftliche Produktionsziel auf diesen Flächen aufgegeben. Um die Wertschöpfung mittels produktiver Bewirtschaftung auch auf wiedervernässten Moorflächen aufrechtzuerhalten, wurde und wird eine Paludikultur (lat. *palus*: Sumpf) entwickelt. Die Biomasse aus Paludikulturen lässt sich als nachwachsender Rohstoff für die Produktion von Bau-, Dämm- und Werkstoffen sowie Papier, Pappe und anderen Verpackungen und Plattformchemikalien und Biokunststoffen nutzen. Ebenso kann man sie als alternative Substratausgangsstoffe im Gartenbau und für die Erzeugung von Bioenergie einsetzen (vgl. S. 66 ff.). Neben einigen Praxisbeispielen, wie beispielsweise das Heizwerk Malchin, das Heu von wiedervernässten Flächen für die Wärmeversorgung eines Stadtquartiers nutzt, stecken viele der genannten Nutzungspfade aber noch in den Kinderschuhen.
Es gibt bereits eine Reihe von interessanten Prototypen, wie zum Beispiel Bau- und Dämmplatten. Bisher sind jedoch nur wenige dieser Produkte aus Paludikultur am Markt etabliert. Die Herausforderung besteht im sogenannten Henne-Ei-Problem. Es gibt keinen etablierten Markt, weil die Rohstoffe für Paludikulturen zu teuer sind. Die Kosten, die für die Flächenumstellung notwendig sind, um Paludi-Rohstoffe produzieren zu können, sind sehr hoch, es fehlen marktreife Verwertungskon-

zepte. Zudem sind konventionelle Rohstoffe günstiger. Umgekehrt werden keine Paludikultur-Rohstoffe erzeugt, weil noch kein Markt vorhanden ist.
Seit zwei Jahrzehnten erfolgt die Förderung einzelner Forschungs- und Entwicklungsprojekte zur nassen Moornutzung und zu möglichen Verwertungen der pflanzlichen Aufwüchse. Vom Flächenumfang her gesehen sind das bisher eher kleine Flächen von unter einem bis zu zwanzig Hektar. Unter den gegebenen Rahmenbedingungen müssen diese derzeit als nasse Inseln in weiterhin entwässerter Landschaft aufwendig installiert werden. Hier sind neue Ansätze notwendig, um Paludikultur in die Fläche zu bringen, etwa mittels großskalig angelegter Demonstrationsprojekte.

„Um die Produktion auf den vernässten oder noch zu vernässenden Flächen rentabel zu gestalten, müssen Absatzmärkte im nachgelagerten Bereich entstehen.“

Die Schritte bei der Umstellung auf eine nasse Moornutzung sowie der damit verbundene hohe finanzielle Aufwand umfassen das Beenden der Entwässerung, die Etablierung von Paludikulturen, das Flächenmanagement inklusive wasserwirtschaftlicher Anlagen und angepasster Bewirtschaftungstechnik für Ernte, Bergung und Abtransport der Biomasse. Darüber hinaus sind Konzepte und Investitionen für die Verwertung und die Vermarktung der neuartigen Produkte notwendig.
Finanzierungsbedarf besteht dabei entlang der gesamten Wertschöpfungskette: Kosten entstehen zunächst bei der Planung und der baulichen Umsetzung, mit der das Wasser im ersten Schritt zurückgehalten werden muss. Dafür wird mit durchschnittlich 4.000 Euro pro Hektar gerechnet. Bei der Etablierung von Paludikultur entstehen im nächsten Schritt weitere Kosten in Höhe von 10.000 Euro pro Hektar für die Infrastruktur zum Biomasse-Abtransport, Wasserrückhalt und -management

sowie die Einrichtung per Saat oder Pflanzung. Die betriebliche Anpassung umfasst daneben auch die Erarbeitung von neuem Wissen und den Erwerb neuer Spezialtechnik. Dazu kommt der Aufbau neuer Verarbeitungswege bis hin zur Vermarktung, inklusive Produktentwicklung und Markteinführung. (4)
Einem schnellen Umstieg vieler Moorbewirtschafter(innen) stehen aber nicht nur hohe Kosten und fehlende Wertschöpfungsketten entgegen, sondern auch die Angst vor einem dauerhaften Wertverlust der Flächen. Hohe Wasserstände führen zu niedrigeren Bodenwerten und damit zu einer sinkenden Beleihungsfähigkeit des Betriebes. Das erschwert den zukünftigen Fremdkapitaleinsatz und hemmt die Entwicklung des gesamten landwirtschaftlichen Betriebes. Zudem ist auch die bisherige entwässerungsbasierte Landwirtschaft auf Mooren kapitalintensiv und mit langen Investitionszyklen verbunden.

Mögliche Finanzierungsinstrumente

Wie lässt sich der Finanzierungsbedarf, der bei der Transformation der Moornutzung entsteht, decken? Hier kommt die Rentenbank als deutsche Förderbank für die Agrarwirtschaft und den ländlichen Raum ins Spiel. Ihr gesetzlicher Förderauftrag umfasst die gesamte Wertschöpfungskette der Agrar- und Ernährungswirtschaft sowie die erneuerbaren Energien und die Verbesserung der Infrastruktur in ländlichen Gebieten. Einbezogen ist auch die Förderung der Nachhaltigkeit in der Agrarwirtschaft. Die Rentenbank unterstützt daher gezielt die Realisierung nachhaltiger Investitionsvorhaben.
Ein Problem ist, dass dem hohen Investitionsbedarf zu Beginn der Umstellung auf Paludikulturen ein Erlöspotenzial erst in mittelfristiger Zukunft gegenübersteht. Die notwendige Finanzierung könnte mittels der zinsgünstigen Programmkredite der Rentenbank bereitgestellt werden. Die Programmkredite lassen sich mit öffentlichen Fördermitteln kombinieren. Auf diese Weise werden Investitionen erleichtert, Finanzierungskosten gesenkt und so die Wirtschaftlichkeit verbessert. Die Rentenbank kann auch als Bewilligungsstelle für den Bund agieren und in diesem Rahmen Zuschüsse zu Investitionen anbieten. Mit dem „Investitionsprogramm Landwirtschaft" werden bereits jetzt Maschinen gefördert, die zur Minderung von Emissionen beitragen. Dazu gehören beispielsweise Schleppschuhverteiler, präzise

Gülleinjektoren und moderne Pflanzenschutztechnik. Nach diesem Vorbild ließen sich auch Technologien zur Bewirtschaftung von Paludikulturen fördern.

Die Rentenbank verfolgt einen ganzheitlichen Förderansatz. Das Angebot an Programmkrediten erstreckt sich über die gesamte Wertschöpfungskette, da die Funktions- und Wettbewerbsfähigkeit der landwirtschaftlichen Primärproduktion in der Regel von einem starken vor- und insbesondere nachgelagerten Bereich abhängt. Dieser Ansatz lässt sich auch auf den Anbau und die Nutzung von Biomasse von Moorstandorten übertragen. Um die Produktion auf den vernässten oder noch zu vernässenden Flächen rentabel zu gestalten, müssen Absatzmärkte im nachgelagerten Bereich entstehen. Hier wird angestrebt, das Programmangebot der Rentenbank mit Blick auf eine Förderung von Investitionen zur Bewirtschaftung wiedervernässter Moore und zur Weiterverarbeitung der Biomasse zu schärfen. Die dadurch mögliche Erweiterung der betrieblichen Konzepte, die sich auch positiv auf das Einkommen der Betriebe auswirken würde, könnte eine Diversifizierung der landwirtschaftlichen Betriebe und der Flächen in Moorregionen unterstützen.

Ihr Fördergeschäft refinanziert die Rentenbank an den Kapitalmärkten durch die Emission von Wertpapieren und die Aufnahme von Darlehen. Aufgrund der Haftung des Bundes für die Verbindlichkeiten der Bank sowie des damit verbundenen Triple-A-Ratings, kann sie sich sehr günstig refinanzieren. Diesen Vorteil reicht die Rentenbank in Form von zinsgünstigen Programmkrediten an die Endkreditnehmer(innen) weiter.

Fazit: Die vorhandenen Finanzierungsinstrumente der Rentenbank – die Programmkredite sowie die Kombination aus Darlehen und Zuschuss – können einen Beitrag dazu leisten, dass sich auch großflächige Wiedervernässungsprojekte finanzieren und umgesetzen lassen. Wichtig dabei ist, dass die Vergabe der Fördermittel und Finanzierungsoptionen zielgerichtet an die Wiedervernässung von Mooren angepasst ist und entlang der gesamten Wertschöpfungskette wirkt. Die Zielerreichung sollte zudem regelmäßig evaluiert werden.

Anmerkungen

(1) Dazu gehören neben den Moorböden auch weitere kohlenstoffreiche Böden (Anmoore und Moorfolgeböden). Hier werden im Folgenden die Begriffe Moor, Moorboden und organischer Boden synonym verwendet.

(2) Umweltbundesamt (2021): Berichterstattung unter der Klimarahmenkonvention der Vereinten Nationen und dem Kyoto-Protokoll 2021. Nationaler Inventarbericht zum Deutschen Treibhausinventar 1990-2019. Dessau-Roßlau.

(3) Umweltbundesamt (Hrsg.) (2021): Wege in eine ressourcenschonende Treibhausgasneutralität. RESCUE-Studie. Dessau-Roßlau. 2. Auflage Juni 2021.

(4) Wichmann, S. / Nordt, A. / Schäfer, A. (2022): Lösungsansätze zum Erreichen der Klimaschutzziele und Kosten für die Umstellung auf Paludikultur. Hintergrundpapier zur Studie „Anreize für Paludikultur zur Umsetzung der Klimaschutzziele 2030 und 2050". www.dehst.de

Welche schlechte Angewohnheit würden Sie gern im Moor versenken?

a) Meine Ungeduld, die mir besonders schwer beim Zusehen des Torfaufbaus zur Last wird.

b) Die deutsche Sitte, (erst) auf alle Eventualitäten eine Antwort zu haben, bevor etwas getan werden kann.

Zu den Autorinnen

a) Lina M. Richter ist Agrarwissenschaftlerin. Seit 2021 arbeitet sie bei der Landwirtschaftlichen Rentenbank als Referentin für Fördergeschäftsentwicklung und befasst sich dort mit verschiedenen Themen des natürlichen Klimaschutzes.

b) Anke Nordt ist Landschaftsökologin. Sie beschäftigt sich an der Universität Greifswald u.a. mit dem Transfer des Paludikulturkonzepts von der Wissenschaft in die Praxis.

Kontakt

Lina M. Richter
Landwirtschaftliche Rentenbank
E-Mail Lina.Richter@rentenbank.de

Anke Nordt
Universität Greifswald
E-Mail nordta@uni-greifswald.de

Die Wiedervernässung von Mooren als politischer Prozess

Kohleausstieg als Blaupause

Um den Ausstieg aus der Braunkohleverstromung wurde in der Kohlekommission hart gerungen. Lässt sich aus diesem Prozess etwas für den anstehenden Strukturwandel der Landwirtschaft lernen, um die offenen Fragen im Konsens mit allen Beteiligten zu klären?

Von Pia Sommer

Die Wiedervernässung landwirtschaftlich genutzter Moorflächen ist klimapolitisch dringend geboten (vgl. S. 52 ff.). Für die Landwirtschaft bedeutet das einen grundlegenden Paradigmenwechsel, der ähnlich komplex ist wie der in Deutschland beschlossene Ausstieg aus der Braunkohlevertsromung und daher ebenfalls durch politische Rahmensetzung organisiert werden muss. Anhand einer Gegenüberstellung der Gemeinsamkeiten und Unterschiede zwischen dem sogenannten Kohleausstieg und der Wiedervernässung landwirtschaftlich genutzter Moorflächen wurde in einer Studie untersucht, ob der Kohleausstieg als Modell für einen politischen Rahmen zur Wiedervernässung dienen kann. (1) Hierfür wurden systematisch Indikatoren innerhalb der politischen, ökonomischen, sozialen, technologischen, rechtlichen sowie Umwelt-Dimension betrachtet.

Politisch: In beiden Fällen besteht die Notwendigkeit von Maßnahmen zur Wahrung einer politischen Kohärenz und klimapolitischen Glaubwürdigkeit. Beide Prozesse bedeuten einen tiefgreifenden Paradigmenwechsel und verlangen daher nach einer langfristigen Politikstrategie zur Gestaltung einer sozialverträglichen Transformation und Planungssicherheit. Auch bei der Wiedervernässung sollten die Politikinstrumente über eine freiwillige Basis hinausgehen.

Wirtschaftlich: Eine große Gemeinsamkeit ist die geografische Konzentration der betroffenen Gebiete, auf der sich wiederum ein überregionaler Finanzausgleich begründen ließe. Unterschiede bestehen hinsichtlich der Anzahl, Größe und Struktur der landwirtschaftlichen Betriebe gegenüber den Braunkohlekraftwerksbetreibern. Aber auch untereinander sind die auf Moorböden wirtschaftenden Betriebe sehr heterogen. In beiden Fällen stehen die wirtschaftlichen Akteure der Maßnahme kritisch gegenüber und verlangen nach Entschädigungen für (potenzielle) wirtschaftliche Schäden. Beide Branchen haben ein Selbstverständnis der Versorgungssicherheit und erhalten umfangreiche direkte und indirekte Subventionen.

Sozial: Sowohl die Land- als auch die Braunkohlewirtschaft ist seit Jahrzehnten durch einen Strukturwandel geprägt. In beiden Fällen ist ein hoher kultureller Stellenwert, eine Angst vor Arbeitslosigkeit sowie eine hohe Altersstruktur der Beschäftigten zu erkennen. Jedoch sind beim Kohleausstieg das bisherige Interesse und die gesellschaftliche Akzeptanz höher als bei der Wiedervernässung.

Technologisch: Das Ziel der Maßnahme ist jeweils, dass der im Boden gespeicherte Kohlenstoff nicht emittiert wird. In beiden Fällen existieren alternative Technologien und Praktiken. Erneuerbare Energien wurden politisch und finanziell gefördert und konnten sich etablieren. Die Bewirtschaftungspraktiken von wiedervernässten Flächen befindeen sich dagegen erst in der Entwicklung (z. B. Paludikulturen). Ein weiterer Unterschied zum Braunkohleausstieg ist, dass sich die Umsetzung einer Wiedervernässung aufgrund einer sich verschärfenden Wasserknappheit im Verlauf der Zeit als zunehmend schwierig erweisen könnte und daher Verteilungsfragen diskutiert werden müssen (vgl. S. 66 ff.).

Rechtlich: In beiden Bereichen gibt es eine rechtliche Verpflichtung sowie sektorspezifische Vorgaben der Emissionsreduktion. Daher ist in beiden Fällen der Eingriff in das Eigentum juristisch zu bewerten. Die Braunkohleverstromung ist im Gegensatz zur Landwirtschaft in einen verpflichtenden Zertifikatehandel eingebunden, dessen Ausgestaltung den Kohleausstieg voraussichtlich vorantreibt oder sogar vorzieht. Auch besteht für den Braunkohleabbau eine Verpflichtung zur Rekultivierung der Tagebauflächen, Vergleichbares besteht für degradierte Moorflächen nicht.

Umwelt: In beiden Fällen handelt es sich in den Sektoren um die jeweils größte CO_2-Einzelemissionsquelle. Sowohl Kohleausstieg als auch Wiedervernässung verhindern eine weiterführende Schädigung von Umweltmedien wie Boden, Landschaft und Biodiversität. Jedoch ist die Braunkohle nicht wie der Torf funktioneller Bestandteil eines komplexen Ökosystems.

Breite gesellschaftliche Akzeptanz erzeugen

Aufgrund der aufgeführten Gemeinsamkeiten kann der Kohleausstieg als politisches Modell in Erwägung gezogen werden. Besondere Berücksichtigung sollten unter anderem folgende Punkte finden:

1) Die Einrichtung eines paritätisch besetzten Gremiums ähnlich der Kohlekommission. So könnten die verschiedenen Akteursgruppen an der Erarbeitung des Politikmix beteiligt werden. Zusätzlich ließe sich durch einen partizipativen Ansatz eine breitere Akzeptanz für umfangreiche Wiedervernässungsmaßnahmen bei den Landwirt(inn)en erzeugen.

2) Die Verankerung eines emissionsspezifischen Pfades inklusive einer politischen Langzeitstrategie. Dies ist notwendig, um Planungssicherheit für die betroffenen Akteure zu schaffen. Aber auch aufwendige Planungs- und Genehmigungsschritte und die Notwenigkeit, einen Flächenzugriff herzustellen führen zu langen Vorlaufzeiten und verlangen ebenfalls nach einer langfristigen Strategie. Außerdem könnte so die Agrarpolitik auf klimapolitische Ziele angepasst, öffentliche Gelder effizienter verteilt sowie Politikmaßnahmen effektiver aufeinander abgestimmt werden.

3) Die Zusage einer breit angelegten und ausreichenden Finanzierung. Ähnlich wie beim Kohleausstieg sollten ein Budget zur Gestaltung eines sozialverträglichen Strukturwandels sowie Finanzmittel für Entschädigungszahlungen und Umstruktu-

rierungen der Betriebe berücksichtig werden. Auch Kosten für Planung, Gutachten, Verwaltungsverfahren, Beratungen, Forschung und Entwicklung, Aus- und Weiterbildung sowie Personalstellen in der Verwaltung sind bei der Bestimmung des Finanzvolumens einzukalkulieren. Jedoch führen fehlende Daten, regionalspezifische Bedingungen sowie eine Vielzahl an fallspezifischen Kostenpositionen (wie z. B. Planungs- und Wiedervernässungskosten, Flächenerwerb und -pflege, Opportunitätskosten) dazu, dass die tatsächlichen Kosten einer Wiedervernässung schwer im Vorfeld zu quantifizieren sind. Trotz der gegebenen Komplexität muss eine umfangreiche, breit angelegte und durch einen effektiven Politikmix aufeinander abgestimmte Finanzierung zur Verfügung stehen, wenn die Widervernässung der Moorflächen Erfolg haben soll.

Anmerkung

(1) Sommer, P. / Lakner, S. / Nordt, A. / Tanneberger, F. / Wegmann, J. (2022): „Der Kohleausstieg als politisches Modell für die Moorwiedervernässung? Eine Aufstellung der Gemeinsamkeiten und Unterschiede." Das Workingpaper wird als Konferenzbeitrag auf der GEWISOLA 2022 präsentiert und kann auf Anfrage von der Autorin zur Verfügung gestellt werden.

Welche schlechte Angewohnheit würden Sie gern im Moor versenken?

Ich verreise viel mit einem alten T4-Bus – dessen CO_2-Ausstoß würde ich gerne versenken.

Zur Autorin

Pia Sommer hat Volkswirtschaftslehre und Agrarökonomie studiert. Sie ist wiss. Mitarbeiterin am Lehrstuhl Agrarökonomie der Universität Rostock.

Kontakt

Pia Sommer
Universität Rostock
E-Mail pia.sommer@uni-rostock.de

Aufbruch in eine neue Moornutzung

Gebt dem Traumpaar eine Chance

Ohne die zügige Wiedervernässung ehemaliger Feuchtgebiete sind die klimapolitischen Ziele nicht zu erreichen. Darüber herrscht theoretisch mittlerweile Einigkeit. In der praktischen Umsetzung hakt es aber noch gewaltig. Ein Hebel könnte die geschickte Kombination von Fotovoltaik und Paludikulturen sein.

Von Tobias Keinath und Monika Hohlbein

Sowohl im Klimaschutzgesetz der Bundesregierung, das sich zur Klimaneutralität im Jahr 2045 bekennt, als auch im Green Deal der EU-Kommission und im Pariser Klimaabkommen ist das Ziel einer raschen Reduzierung der Treibhausgasemissionen festgelegt. Moore und Anmoore, welche zum Zwecke der Bewirtschaftung entwässert wurden, spielen dabei eine wesentliche Rolle. Sie umfassen knapp sieben Prozent der landwirtschaftlichen Nutzfläche in Deutschland. Gleichzeitig verursacht die entwässerungsbasierte Nutzung aufgrund der Mineralisierung der Torfböden etwa 40 Prozent der gesamten Treibhausgasemissionen aus der Landwirtschaft und der landwirtschaftlichen Bodennutzung. 2019 waren es etwa 42 Millionen Tonnen Kohlenstoffdioxid-Äquivalente. (1) Durch die Wiedervernässung der Moorböden werden Treibhausgasemissionen gestoppt und der vorhandene Kohlenstoffvorrat im Boden geschützt. In Deutschland müssen den Klimaschutzzielen entsprechend jährlich circa 50.000 Hektar landwirtschaftlich genutzte Moore wiedervernässt werden. (2) In der Moorschutzstrategie von September 2021 wurde lediglich das Ziel festgelegt, die jährlichen Emissionen aus Moorböden um fünf Millionen Tonnen Kohlenstoffdioxid-Äquivalent bis 2030 zu senken. Damit würden nur zwölf Prozent der aktuellen Emissionen eingespart.

Gleichzeitig wurde 2019 im Bundeskabinett das Ausbauziel von 98 Gigawatt für Fotovoltaik bis 2030 definiert. Laut einer Energiemarktszenarioanalyse des Fraunhofer-Instituts für Solare Energiesysteme ISE müssen hierzu jährlich fünf bis zehn Gigawatt zugebaut werden – im Mittel von 2013 bis 2018 waren es jedoch nur 1,8 Gigawatt pro Jahr. (3) Um die Ausbauziele zu erreichen, bedarf es trotz Priorisierung von Dach- und versiegelten Flächen weiterer Freiflächen. Im Referentenentwurf des Erneuerbare-Energien-Gesetzes 2023 wurden wiederzuvernässende Moore zum ersten Mal in die Flächenkulisse für Fotovoltaikanwendungen aufgenommen – jedoch ohne die Möglichkeit der landwirtschaftlichen Nutzung dieser Flächen.

Werden Fotovoltaiksysteme zusammen mit Moorwiedervernässung gedacht und gebaut, könnte die Technologie idealerweise mehrfach zum Klimaschutz beitragen: erstens im Landnutzungssektor durch die Wiedervernässung von Mooren, zweitens im Energiesektor durch den Ausbau von sauberer Solarenergie und gegebenenfalls drittens durch die Nutzung nachwachsender Rohstoffe aus wiedervernässten Mooren, Paludikultur genannt (vgl. S. 66 ff.).

Solarstromanlagen nur auf stark übernutzten Flächen

Werden Fotovoltaikanlagen auf entwässerten Moorböden errichtet, können sie eine Wiedervernässung und die damit verbundene Emissionsreduktion behindern. Ob eine Kombination von Fotovoltaikanlagen und Moorwiedervernässung funktioniert, muss noch erprobt werden. Dazu zählen einerseits die Auswirkungen der Wiedervernässung auf die technischen Anlagen und deren Wirtschaftlichkeit, andererseits die Auswirkungen der technischen Anlagen auf das Moor, insbesondere auf Gasflüsse, Wasserhaushalt und Biodiversität.

Nicht jedes Moor ist für Fotovoltaiksysteme geeignet. Sie sollten nur auf stark degradierten, landwirtschaftlich genutzten organischen Böden ohne naturschutzrechtlich einschränkende Schutzauflagen etabliert werden. Eine erste Eingrenzung für solche Gebiete kann über die Paludikultur-Flächenkulisse 1 „Eignung ohne Prüfauflagen" erfolgen, die für die Bundesländer Mecklenburg-Vorpommern,

Baden-Württemberg, Brandenburg und Schleswig-Holstein vorhanden ist. (4) Dieser Suchraum umfasst in den vier Bundesländern bereits eine Fläche von über 200.000 Hektar.

Moore sollten in hydrologischen Einheiten betrachtet und möglichst vollständig wiedervernässt werden, wobei die Fotovoltaikmodule auch nur einen Teil der Fläche einnehmen können. Hohe Kosten für hydrologische Abgrenzungen kleiner Teilgebiete sind zu vermeiden. Um den Torf auch als Kohlenstoffspeicher zu schützen, ist die Ausbildung einer flächendeckenden Vegetation sicherzustellen. Fotovoltaische Systeme müssen daher so geplant werden, dass trotzdem ausreichend Licht zum Pflanzenwachstum auf den Boden fällt. Daher kann es notwendig sein, Module versetzt, vertikal oder mit größerem Modulreihenabstand zu bauen. Auch die Pflege der Vegetation muss an die hohen Wasserstände angepasst werden, wofür sich vor allem eine angepasste Mahdtechnik anbietet. Für Schafbeweidung sind die Flächen zu nass.

Nach der Wiedervernässung ist die herkömmliche landwirtschaftliche Nutzung nicht mehr möglich. Die Flächen sind für die Betriebe jedoch oft essenziell zur Einkommensgenerierung. Die gesellschaftlichen Schadenskosten durch die Emissio-

1 Torferhaltende und torfzehrende Bewirtschaftungsbedingungen in Mooren

Bewirtschaftung		Wasserstand im Moor (Wasserstufe)	Emissionsspanne
Torfzehrend	stark	Tiefentwässesrtes Moor; sommerlicher Wasserstand tiefer als 45 cm unter Flur (WS 2+ und trockener)	20-50 t CO_2-Äq. ha^{-1} a^{-1}
	schwach	Sommerlicher Wasserstand 10 bis 45 cm unter Flur (WS 3+, 4+)	5-20 t CO_2-Äq. ha^{-1} a^{-1}
Torferhaltend		Geringer Grundwasser-Flurabstand, leichte Wasserstandsschwankungen und Überstau möglich; sommerlicher Wasserstand max. 10 cm unter Flur (WS 5+, 6+)	0-5 t CO_2-Äq. ha^{-1} a^{-1}

_Quelle: Greifswald Moor Centrum; basierend auf www.bfn.de/sites/default/files/2021-11/Skript616.pdf

nen werden dabei bisher nicht einkalkuliert. Landwirtschaftliche Betriebe brauchen finanzielle Anreize, um die Bewirtschaftung tief entwässerter Flächen umzustellen (vgl. S. 87 ff.). Die Schaffung einer Einkommensquelle durch Fotovoltaik kann ein solcher Anreiz sein und damit einen Baustein setzen, um die gesellschaftlich notwendige Wiedervernässungsrate von fünf Prozent der landwirtschaftlich genutzten Moorböden zu erreichen.

Durch die Implementation von Paludikulturen könnten Fotovoltaikkonzepte auf wiederzuvernässenden Mooren um die landwirtschaftliche Komponente erweitert werden. Es können beispielsweise Torfmoose, Schilf oder Nasswiesen kultiviert werden. Somit wird die klassische Fotovoltaikanlage zu einem multifunktionalen Agri-Fotovoltaiksystem, wodurch die landwirtschaftlichen Flächen trotz Wiedervernässung und technischen Anlagen nicht der Nutzung entzogen werden. Der Flächennutzungskonflikt als Beitrag zu den klimapolitischen Herausforderungen der Landwirtschaft wird entschärft, ohne die stark unter Druck stehenden Landwirtschaftsbetriebe weiter zu belasten. Die Technologie birgt ein hohes Potenzial für lokale Wertschöpfung und trägt zu einer Einkommenssteigerung und -diversifikation für landwirtschaftliche Betriebe bei. Dies ist auch vor dem Hintergrund zu sehen, dass der alleinige Anbau von Paludikulturen derzeit noch keine sichere ökonomische Perspektive darstellt.

Die Chancen und Herausforderungen sind auch technischer Natur: Durch die synergetische Nutzung der Unterkonstruktion und die Stromproduktion vor Ort könnten auch Pumpsysteme implementiert werden, um den Wasserstand auf der Fläche zu optimieren. Gleichzeitig führt die teilweise Beschattung der Flächen durch die Fotovoltaikmodule zu einer Reduktion der Verdunstung aus der Tier- und Pflanzenwelt sowie von Boden- und Wasseroberflächen (Evapotranspiration) und damit zu geringerem Wasserverlust. Durch die veränderte Verdunstung und Kondensation unterhalb der Module ist ein Kühlungseffekt der Modultechnik und damit zusammenhängend eine Effizienzsteigerung zu erwarten. Denn ab einer Temperatur von 25 Grad Celsius ist mit jedem Grad Temperaturanstieg ein Effizienzverlust von etwa 0,4 Prozent zu erwarten. (5)

Bei der Installation und im Betrieb von Fotovoltaiksystemen auf nassen Moorböden sind bei der Planung technische Herausforderungen zu beachten. Die geringe

Tragfähigkeit von Moorböden muss beim Einsatz jeglicher Technik zum Schutz des Bodens berücksichtigt werden. Zentral ist zudem die Frage der Verankerung der Unterkonstruktion im Moorboden, welcher durch Wassersättigung, standortabhängige Torfmächtigkeiten und zum Teil auch durch saure pH-Werte gekennzeichnet ist. Bisher umgesetzte technische Ansätze versuchen die Unterkonstruktion stabil und preiswert zu verankern, indem der verwendete Stahl durch Legierungen, zum Beispiel aus Zink, vor Oxidation geschützt wird. Wie typischerweise auch bei herkömmlichen Fotovoltaikfreiflächenanlagen lassen sich hierfür Rammfundamente nutzen. Wie Verankerungen auf komplett vernässten und damit dynamischen Böden reagieren und wie diese bodenschonend installiert, gewartet und letztlich wieder rückgebaut werden können, ist noch nicht ausreichend erprobt. Ein bisher noch nicht getesteter Ansatz wäre die Ausbildung einer multifunktionalen Verankerung im Moorboden, die auch die Befahrbarkeit der Fläche gewährleisten könnte. Wäre der Untergrund befahrbar, ließe sich ein wirtschaftlich tragfähiges Konzept für die Bewirtschaftung oder Pflege der Flächen und für die Wartung des Fotovoltaiksystems etablieren, das nicht auf teure Spezialmaschinen, wie etwa Kettenfahrzeuge, angewiesen ist.

Offene Fragen angehen

Um offene technische, ökologische und ökonomische Fragestellungen zu beantworten, möchten Forschende des Fraunhofer ISE und des Greifswald Moor Centrums zusammen mit weiteren Forschungspartnern ein Pilotprojekt auf den Weg bringen. Dabei wird das klimapolitisch äußerst relevante Thema der Dekarbonisierung landwirtschaftlich genutzter Moorböden praktisch adressiert. Das Potenzial der Kombination aus Wiedervernässungsmaßnahmen, Fotovoltaiksystemen und möglichen Paludikulturen liegt darin, dass eine Nutzung der Fläche erhalten bleibt und landwirtschaftliche Betriebe durch die Schaffung von lokaler und regionaler Wertschöpfung für eine Wiedervernässung gewonnen werden können. Daher spielt die sozioökonomische und politische Rahmenforschung eine wichtige Rolle. Im Wesentlichen soll im Projekt jedoch das Potenzial der Kombination für einen mehrfachen Beitrag zur Dekarbonisierung, zum Schutz und Erhalt von Moorböden und zur Verbesserung von Ökosystemdienstleistungen erforscht werden.

Anmerkungen
(1) Umweltbundesamt (Hrsg.) (2021a): Berichterstattung unter der Klimarahmenkonvention der Vereinten Nationen und dem Kyoto-Protokoll 2021. Nationaler Inventarbericht zum Deutschen Treibhausgasinventar 1990 - 2019.
(2) Umweltbundesamt (Hrsg.) (2021b): Wege in eine ressourcenschonende Treibhausgasneutralität. RESCUE-Studie. Dessau-Roßlau. 2. Auflage Juni 2021.
(3) Brandes, J. et al. (2021): Wege zu einem klimaneutralen Energiesystem - Die deutsche Energiewende im Kontext gesellschaftlicher Verhaltensweisen. Update November 2021: Klimaneutralität 2045. Freiburg. Fraunhofer-Institut für Solare Energiesysteme ISE.
(4) Närmann, F. / Birr, F. et al. (Hrsg.) (2022): Klimaschonende, biodiversitätsfördernde Bewirtschaftung von Niedermoorböden. BfN-Skripten 616, Bonn-Bad Godesberg.
(5) Kaldellis, J. K. /Kapsali, M. / Kavadias K. A. (2014): Temperature and wind speed impact on the Efficiency of PV Installations. Experience Obtained from Outdoor Measurements in Greece. Renewable Energy, 66, 612-624.

Welche schlechte Angewohnheit würden Sie gern im Moor versenken?

a) Das Autofahren. Es ist klimaschädlich, gefährlich, schmutzig und definitiv kein Zukunftsmodell der Mobilität.

b) Butter essen. Kuhfutter kommt oft von entwässerten Mooren, was den Butter-CO_2-Fußabdruck zusätzlich erhöht.

Zu den Autor(inn)en

a) Tobias Keinath studierte Umweltnaturwissenschaften, Naturschutz und Landschaftspflege. Seit 2019 arbeitet er am Fraunhofer-Institut für Solare Energiesysteme ISE in der Forschungsgruppe für Agri-Fotovoltaiksysteme.

b) Monika Hohlbein studierte Landschaftsökologie und Naturschutz. Sie arbeitet seit 2014 für die Partner des Greifswald Moor Centrums zu Potenzialen von Moorwiedervernässung und Paludikultur, insbesondere in Mecklenburg-Vorpommern.

Kontakt

Tobias Keinath
Fraunhofer-Institut
für Solare Energiesysteme ISE
E-Mail tobias.keinath@ise.fraunhofer.de

Monika Hohlbein
Universität Greifswald
E-Mail monika.hohlbein@greifswaldmoor.de

Impulse

Projekte und Konzepte

Revitalisierung von trockenen Mooren

Auf der Suche nach skalierbaren Lösungen

Ohne Naturnutzung kann unsere Zivilisation nicht existieren. Vernutzen, das heißt zerstören wir die Funktionsfähigkeit des Naturhaushalts, gehen auch wir Menschen zugrunde! Diesen schmaler werdenden Grat müssen wir auch bei der Moornutzung begehen, indem wir nicht beherrschend, sondern im Zusammenspiel mit der Biosphäre und dem Akzeptieren der Naturgesetze zukunftsfähig handeln. So verbinden wir ökologische Verantwortung, ökonomischen Erfolg und soziale Gerechtigkeit miteinander und verfolgen unsere lange Geschichte humanistischer Ideale im Sinne der Nachhaltigkeit.
Die Bedeutung von Mooren wurde insbesondere im letzten Jahrhundert nahezu ausschließlich darauf beschränkt, sie für die Bedürfnisse der Menschen nutzbar zu machen; landwirtschaftliche Praktiken auf trockenen Mineralbodenstandorten wurden durch großflächige Entwässerung auf Moore übertragen. Wir haben es einer engagierten Forschung zu verdanken, dass wir, wenn auch langsam, ein neues Bild dieser Landschaften entwickeln. Ein Bild, das dunkle Mythen (vgl. S. 32 ff.) ablösend ein Licht auf die natürlichen Werte der Moore als komplexe Ökosysteme wirft, sie wissenschaftlich beschreibt, ohne ihre Faszination auf uns Menschen zu vernachlässigen.

Es geht nur nass und gemeinsam

Wir müssen unseren Umgang mit der Natur korrigieren. Nutzen, ohne zu vernutzen: Diesen Zweiklang gilt es für Mensch und Natur bestmöglich zu gestalten. Wieder wachsende Moore spielen dabei eine ganz wesentliche Rolle. Dies gilt sowohl für ihre Artenvielfalt (vgl. S. 59 ff.) und ihre Fähigkeit, Kohlenstoff zu speichern (vgl. S. 52 ff.), als auch als bedeutender Rohstofflieferant von biobasierten Produkten für eine moderne Kreislaufwirtschaft.
Deutschland hat 1,3 Millionen Hektar trockengelegter, landwirtschaftlich genutzter Moore, die knapp sieben Prozent der gesamten Treibhausgase des Landes emittieren. Für Klimaneutralität und Artenschutz muss diese bedeutende Fläche in allernächster Zukunft nass werden. Deshalb brauchen wir neue Allianzen und Lösungen. Und dafür müssen wir Brücken bauen zwischen Naturschützer(inne)n, Unternehmer(inne)n und der Gesellschaft. Nur gemeinsam können wir die anstehenden Mammutaufgaben der Doppelkrisen lösen. Die große Moor-Transformation ist eine die-

ser Aufgaben. Unser gemeinsames Vorhaben mit dem Namen toMOORow hat sich dieser Aufgabe angenommen. Es sucht nach skalierbaren Lösungen für den ökologisch notwendigen und ökonomisch machbaren Umbau trockener Moore. Wenn es uns gelingt, den ökologisch notwendigen Umbau für die Landeigentümer(innen) wirtschaftlich interessant zu machen, ist davon auszugehen, dass die Wiedervernässung von Mooren schnell vorankommt.
Es geht uns im Vorhaben toMOORow konkret um die Inwertsetzung der Ökosystemleistung nasser Moore und die Entwicklung und Vermarktung von Produkten aus ihrer oberirdisch aufwachsenden Biomasse, die sogenannten Paludikultur. Technisch gibt es schon viele Möglichkeiten, aber wir brauchen eine Nachfrage für Produkte aus Paludikultur, ja komplett neue Wertschöpfungsketten (vgl. S. 66 ff.). Das kann kein Marktteilnehmer allein leisten. Die Otto Group wird aber mit ihrer Nachfrage sichtbare Signale in den Markt senden, die Impulse setzen und für Bewegung sorgen werden.
Unser gemeinsames Ziel ist es, Zug um Zug unsere Moore ökologisch nachhaltig und wirtschaftlich gewinnbringend zu nutzen. Ohne nachhaltige Naturnutzung ist unsere Zivilisation nicht zukunftsfähig.

Prof. em. Dr. Michael Succow
und Prof. Dr. Michael Otto

www.tomoorow.org

Projekt „MOORuse"
Moore besser nutzen

Die schädlichen Folgen der konventionellen Bewirtschaftung entwässerter Moore sind hinreichend bekannt. Doch noch gibt es zu wenig Anreize für die Landwirtschaft, auf Paludikulturen umzusteigen. Im Forschungsprojekt „MOORuse" der Hochschule Weihenstephan-Triesdorf wird deshalb untersucht, wie sich Moore nachhaltig nutzen lassen und gleichzeitig wirtschaftlich rentabel bleiben. Dazu wurden in den drei Versuchsgebieten Freisinger Moos, Bayerisches Donaumoos und Schwäbisches Donaumoos einige Hektar Ackerflächen wiedervernässt und für wissenschaftliche Untersuchungen moorfreundlich bewirtschaftet. Die Forscher(innen) untersuchen etwa, wie sich unterschiedliche Wasserstände in Kombination mit verschiedenen Paludikulturen auf das Klima auswirken. Auch die Eignung der Paludimaterialien als Brenn- oder Dämmmaterial wird geprüft. Aus betriebswirtschaftlicher Perspektive werden Kosten und Nutzen der Umstellung auf die alternative Landnutzung berechnet, wobei auch Investitionen, wie etwa neue Maschinen berücksichtigt werden.
Die Erkenntnisse aus dem Projekt sollen produktive Alternativen zur konventionellen Landwirtschaft aufzeigen und so den Bäuerinnen und Bauern mehr Anreize geben, freiwillig auf Paludikulturen umzustellen. Langfristig droht durch konventionellen Ackerbau ohnehin ein Verlust der Wirtschaftlichkeit, da sich durch die intensive Nutzung der entwässerten Flächen

die Bodenstruktur verändert und das Profil verloren geht. Schon heute bemerken Beschäftigte auf Mooräckern etwa, dass Regenwasser schlechter von den Böden aufgenommen wird, erklärt Projektleiter Prof. Dr. Matthias Drösler in einem Interview mit der Podcastfabrik. Mit dem Umstieg auf Paludikultur würden Landwirtinnen und Landwirte nicht nur zu zukunftssicheren Produzent(inn)en, sondern auch zu „Serviceleistern für Ökologie".
Das Projekt wird durch das Bayerische Staatsministerium für Umwelt und Verbraucherschutz und den Europäischen Fonds für regionale Entwicklung finanziell unterstützt. Nach fast sieben Jahren Laufzeit soll es Ende des Jahres zum Abschluss kommen. (am)

https://forschung.hswt.de/forschungsprojekt/958-mooruse
https://open.spotify.com/episode/74nTN2xlXR7Pa8Xx6Ni11q

„Jugend forscht"-Gewinner
Doppelsieg für's Moor

Cornelius-Ägidian Quint aus Schleswig-Holstein hat mit seinem Projekt zur schnelleren Moorrenaturierung bei „Jugend forscht" einen besonderen Erfolg erzielt. Die 57. Ausgabe des traditionsreichen Forschungswettbewerbs fand vom 26. bis 29. Mai 2022 unter dem Motto „Zufällig genial?" statt. Die Siegerinnen und Sieger wurden dieses Jahr in Lübeck geehrt. Der 18-jährige Quint erhielt dabei nicht nur den vom Bundesministerium für Landwirtschaft und Ernährung mit 1.500 Euro dotierten Preis in der Kategorie „Nachwachsende Rohstoffe", sondern konnte auch den Sonderpreis des Bundeskanzlers für die originellste Arbeit in Höhe von 3.000 Euro gewinnen. In seinem Forschungsprojekt mit dem Titel „Sphagnum Mikrosphären. SMS – die schnelle Moor-Renaturierung" konnte der Schüler erfolgreich Sprossen der Moosart Sphagnum fallax in gefiltertem Moorwasser vermehren und mit einem Kohlenhydrat aus Algen umhüllen. Die geschützten Mooszellen lassen sich als Saatgut großflächig ausstreuen, wodurch eine schnellere Ansiedlung von Moosen auf Moorflächen ermöglicht wird. Die Stiftung Jugend forscht e. V. lobte das Projekt als „besonders kreative Idee".
Beim traditionellen Empfang der Bundessieger(innen) im Kanzleramt wird Cornelius-Ägidian Quint im September die Gelegenheit haben, das Projekt Olaf Scholz persönlich vorzustellen. (am)

https://jugend-forscht.de/projektdatenbank/sphagnum-mikrosphaeren-sms-die-schnelle-moorrenaturierung.html

Bauen mit Paludimaterial
Kleines Haus, großes Potenzial

Aus Paludikulturpflanzen lässt sich neben Torfersatz für Gartenerde auch besonders gut Baumaterial herstellen (vgl. S. Wicht/Schäf ff.). Bis heute hat sich etwa Reet als eines der ältesten Materialen in der

Dachdeckung bewährt. Doch auch weitere Moorpflanzen lassen sich vielseitig verwenden, wie das Unternehmen Moor and More zeigt. Dafür hat es den Trend, kleine mobile Wohneinheiten zu bauen, aufgegriffen und ein modellhaftes „Tiny Moor House" gebaut, bei dem möglichst viele Pflanzen aus Paludikultur genutzt wurden. Neben einem traditionellen Reetdach kamen dabei auch Rohrkolbenplatten als Wanddämmung zum Einsatz. Für die Inneneinrichtung sorgen unter anderem hochwertige Möbel aus Erlenholz sowie ein Schrank aus Grasfaserplatten, der zugleich als Treppe fungiert.

Das mobile Häuschen wurde mit viel Liebe zum Detail gestaltet und beweist, dass sich Moorpflanzen ideal als Baumaterial eignen. Um sowohl Privatleute als auch Vertreter(innen) aus (Land-)Wirtschaft und Politik davon zu überzeugen, veranstaltete Moor and More zusammen mit dem Greifswald Moor Centrum im vergangenen September eine „Roadshow": Zwei Wochen lang tourte das Tiny House dabei durch verschiedene Stationen in Norddeutschland und lud dazu ein, sich ein Bild aus der Nähe zu machen. Als Gewinnerprojekt im Rahmen des Wissenschaftsjahres 2020/21 Bioökonomie wurde die Aktion vom Bundesministerium für Bildung und Forschung gefördert.

Das Tiny House kann weiterhin als mobile Ausstellung für Tagungen oder Messen gemietet werden. Zudem bietet sich Moor and More als Koordinator für Paludi-Bauprojekte an. Denn das Unternehmen kennt sich nicht nur mit Tiny Houses aus, sondern berät auch bei Altbausanierungen mit nachhaltigen Rohstoffen. Informationen sowie Bildmaterial finden sich auf der Website. Auf dem YouTube-Kanal des Greifswald Moor Centrum wird das Tiny House zudem in mehreren Clips näher vorgestellt. (am)

https://moor-and-more.de
https://youtube.com/channel/UC6rkVpn7RzmLHGxOjlhX2JA

Torfnutzung in Hobbygärten
Es geht auch ohne!

Gartenerden für die Privatnutzung enthalten oft noch immer Torf. Die Bundesregierung möchte das ändern und einen Torfausstieg im Hobbysegment erreichen. Dabei setzt sie jedoch vorwiegend auf Freiwilligkeit. Um Konsument(inn)en ohne Verbote zum Kauf torffreier Produkte zu bewegen, wurde das „HOT-Projekt" ins Leben gerufen. Der Name steht für „Hobby-Gartenbau mit torfreduzierten und torffreien Substraten auf Basis nachwachsender Rohstoffe".

Bestandteil des Vorhabens sind digital und in Präsenz stattfindende Schulungen, Reallabore sowie gemeinsame Veranstaltungen mit Umwelt- und Naturschutzverbänden. Auch an Bundes- und Landesgartenschauen soll teilgenommen werden. Zudem wird eine App entwickelt, die beim torffreien Gärtnern unterstützen soll.

Neben Aufklärung und Information liegt

der Fokus des Projekts auch auf Konsum- und Marktforschung. Ein Forschungsteam soll die Entscheidungsprozesse beim Erdenkauf untersuchen. Dabei werden die Gartenerde-Verbraucher(innen) in drei Gruppen unterteilt: Privat- und Hausgartenbesitzende, Mitglieder von Kleingartenvereinen und Gemeinschaftsgärtner(innen). „Zum Thema Blumenerden gibt es solche Untersuchungen bislang kaum", sagt die federführende Fachagentur Nachwachsende Rohstoffe (FNR).

Das bis März 2025 angesetzte Projekt wird vom Bundesministerium für Ernährung und Landwirtschaft gefördert. Beteiligt sind neben der FNR die Hochschule für Wirtschaft und Umwelt Nürtingen-Geislingen, die Hochschule Weihenstephan-Triesdorf und das GreenSurvey-Institut für Marktforschung. (am)

https://fnr.de/presse/pressemitteilungen/aktuelle-mitteilungen/aktuelle-nachricht/torfausstieg-im-hobbygarten-fuer-alle

Moorpatenschaften
Ohne Unterstützung geht es nicht

Greensurance-Moorpatenschaft

Die Greensurance-Stiftung aus Weilheim in Oberbayern engagiert sich seit ihrer Gründung im Jahr 2014 für den Moorschutz. Im Brandfilz bei Rosenheim und im Trischelfilz bei Murnau bemüht sich die Stiftung um eine Wiedervernässung. Da sie dabei auf finanzielle Unterstützung angewiesen ist, wirbt die Stiftung für die sogenannte „Moorpatenschaft". Mit einer jährlichen Spende kann man als Moorpatin oder -pate die Renaturierungsprojekte unterstützen. Die Moorpatenschaft lässt sich auch, inklusive Pat(inn)enurkunde, verschenken. Um sich ein eigenes Bild von den Partnermooren machen zu können, lädt Greensurance jährlich zu einem Moor-Exkursionstag ein. Zuletzt fand dieser am 25. Juni statt und umfasste einen Vortrag und eine geführte Wanderung durch die Nicklheimer Filze in der Nähe von Rosenheim. (am)

https://greensurance-stiftung.de/moorschutz-oekosystem-moor.html

NABU-Moorpatenschaft

Auch der Naturschutzbund Deutschland bietet eine Moorpatenschaft an. Durch eine monatliche Spende kann man die Organisation bei den zahlreichen Renaturierungsprojekten unterstützen und wird dafür zweimal jährlich per Post über die Fortschritte im Moorschutz informiert. Durch die regelmäßigen und festen Beiträge der Partnerschaft gebe es mehr Planungssicherheit und das Geld könne effektiver eingesetzt werden, so der NABU. (am)

https://nabu.de/spenden-und-mitmachen/patenschaften/moor/index.html

EU-Projekt „Peat Restore"
Von Klima-Hotspots zu Klimarettern

Deutschland gehört mit einigen (nord-)osteuropäischen Staaten zu den größten globalen Hotspots der moorbedingten Treibhausgasemissionen. Das Projekt „Peat Restore" (deutsch: Torfwiederherstellung) aus dem „Life-Programm" der Europäischen Union ist im Juli 2016 mit dem Ziel gestartet, degradierte Moore in diesem Gebiet zu renaturieren und so zu einer Trendumkehr beizutragen. In elf Standorten der Länder Deutschland, Polen, Lettland, Litauen und Estland wurden dazu wasserbauliche Maßnahmen durchgeführt, etwa der Verschluss von Entwässerungsgräben, der Bau von Dämmen und die Entfernung wasserzehrender Pflanzen. So wurden bis zum Projektabschluss im März 2022 etwa 5.300 Hektar Moorfläche erfolgreich wiedervernässt. Damit hat das Projekt seine Ziele erreicht. Nach Schätzungen des Projektteams können so in Zukunft bis zu 30 Prozent des Treibhauspotenzials eingespart werden. So trägt das Projekt zu den Zielsetzungen der europäischen Union im Hinblick auf Treibhausgasreduzierung und Schutz der Biodiversität bei.

Darüber hinaus wurde eine Analyse der nationalen Gesetzgebungen durchgeführt, um rechtliche Hindernisse beim Moorschutz in den Projektländern zu identifizieren und Vorschläge zur Überwindung zu entwickeln. Um mehr Bewusstsein in der Bevölkerung für den Moorschutz zu schaffen, wurde neben zahlreichen Informationsmaterialien auch ein Lehrpfad und eine Foto-Wanderausstellung realisiert. Zudem wurden zwei Dokumentarfilme produziert, in denen die durchgeführten Maßnahmen und deren Bedeutung erklärt werden.

Zu den Projektpartnern gehören neben dem Naturschutzbund Deutschland unter anderem die Universitäten Lettlands und Tallinn sowie die polnische Umweltorganisation Klub Przyrodników. Umfangreiche Informationen zum Projekt finden sich auf der Website. (am)

https://life-peat-restore.eu

Moore zwischen Natur- und Denkmalschutz

Schutz als gemeinsames Ziel

Neben ihrer wichtigen ökologischen Bedeutung spielen Moorgebiete auch in der Denkmalpflege eine besondere Rolle. Denn in den über Jahrhunderten angesammelten Torfschichten werden auch archäologisch bedeutsame Kleinstlebewesen und Artefakte konserviert. Das macht Moore zu kulturhistorischen Bodenarchiven. Von Gegenständen und Moorwegen bis hin zu ganzen Siedlungen wurde bereits einiges unter der nassen Erde entdeckt. So gibt es auch im Bereich des Kulturgutschutzes ein großes Interesse am Schutz der Moorgebiete. Doch trotz dieser Gemeinsamkeit kann es auch zu Interessenskonflikten mit Naturschützer(inne)n kommen. Archäologische Funde können etwa durch ökologische Maßnahmen zerstört werden.

Um zwischen den beiden Interessensgruppen zu vermitteln, hat das Niedersächsische Landesamt für Denkmalpflege (NLD) mit Unterstützung der Deutschen Bundesstiftung Umwelt (DBU) eine interdisziplinäre Tagung konzipiert. Im ersten Teil, der am 24. Mai digital stattfand, wurde das Thema mit Fachvorträgen und Diskussionsforen eingeleitet und Konflikte sowie Gemeinsamkeiten identifiziert. Im zweiten Abschnitt, der für den 8. und 9. November 2022 bei der DBU in Osnabrück geplant ist, sollen Podiumsdiskussionen in Präsenz stattfinden. Dabei sollen Vertreter(innen) aus Natur-, Denkmal-/Kulturgutschutz und Recht zu Wort und ins Gespräch mit dem Tagungspublikum kommen. Schließlich bildet eine Moorexkursion in die Dümmerniederung den Abschluss, wo konkrete Maßnahmen aus Natur- und Denkmalschutz vor Ort betrachtet werden können. Die Veranstaltung richtet sich in erster Linie an Vertreter(innen) aus Verwaltung, Landschaftsbau, Archäologie, Landwirtschaft und Nichtregierungsorganisationen. Weitere Informationen zum Projekt und zur Anmeldung finden sich auf der Website des DBU. (am)

https://dbu.de/@KulturellesErbeMoore

Wiedervernässungsprojekte

Mensch und Tier packen an

Weltweit gibt es Bestreben, degradierte Moore wieder in einen naturnahen Zustand zu versetzen. Im Folgenden eine kleine Auswahl aus Niedersachsen, wo sich die meisten Hochmoore in Deutschland befinden, aus dem Münsterland und aus der Ukraine.

Lichtenmoor

Im niedersächsischen Lichtenmoor in der Nähe der Stadt Nienburg wurde im Jahr 2017 eine Flurbereinigung angeordnet. Vorangegangen war im Jahr 2012 ein Antrag von Naturschutzbund (NABU) und Bund für Umwelt und Naturschutz (BUND), das Lichtenmoor zum Naturschutzgebiet zu erklären, um eine Renaturierung zu ermöglichen. Nach Gründung eines Arbeitskreises und Jahren der Verhandlung zwischen Torfindustrie, Landwirtschaft und Landeigentümer(inne)n wurde beschlossen, ein Viertel des Gebietes als Naturschutzgebiet zu deklarieren. Durch eine erfolgreiche Wiedervernässung des Gebiets könnten nach Angaben der Tageszeitung (taz) bis zu 6.800 Tonnen CO_2 pro Jahr eingespart werden. Der Prozess befindet sich derzeit jedoch noch in der Anfangsphase.

https://taz.de/Moorschutz-in-Niedersachsen/!5822150/

Theikenmeer

Ebenfalls in Niedersachsen, im Landkreis Emsland, befindet sich das Naturschutzgebiet Theikenmeer, das ein Hochmoor mit See umfasst. Das Gebiet wurde im letzten Jahrhundert stark entwässert, in den 1970er-Jahren trocknete der See zeitweise sogar komplett aus. 2009 erarbeitete der NABU ein Konzept zur Renaturierung und Wiedervernässung des Moorgebiets. Mithilfe von Moorschnucken werden im Gebiet unerwünschte aufwachsende Pflanzen wie Birken bekämpft. Auch weitere gebietstypische Tiere und Pflanzen, etwa Kreuzotter, Schwarzkehlchen oder Sonnentau wurden im Gebiet erfolgreich (wieder) angesiedelt.

https://nabu.de/natur-und-landschaft/moore/aktivitaeten/deutscher-moorschutzfonds/theikenmeer.html

Totes Moor
Hilfe aus dem Tierreich bekommt ebenfalls das Tote Moor im Gebiet der Hannoverschen Moorgeest in Niedersachsen. Dort wurden Heckrinder angesiedelt, die sich um die Zurückdrängung von unerwünschtem Gehölz wie der späten Traubenkirsche kümmern. In dem durch besonders intensiven Torfabbau geprägten Hochmoor werden seit über 20 Jahren Renaturierungsmaßnahmen umgesetzt. Dazu wird die Region Hannover unter anderem vom europäischen Fonds für regionale Entwicklung gefördert. Über 1.000 Hektar Fläche wurden bisher wiedervernässt. Seltene Vogelarten, wie der Neuntöter kehrten bereits in das Gebiet zurück.

https://hannover.de/Leben-in-der-Region-Hannover/Umwelt-Nachhaltigkeit/Naturschutz/Aufgaben-Projekte/%22Totes-Moor%22

Süskenbrocksmoor
Das Süskenbrocksmoor liegt im Naturschutzgebiet Borkenberge nahe der Stadt Lüdingshausen im Münsterland. Hier wurde 2021 durch eine Kooperation des Naturschutzzentrums Kreis Coesfeld und der DBU Naturerbe GmbH, einer Tochtergesellschaft der Deutschen Bundesstiftung Umwelt (DBU), ein Wiedervernässungsprojekt mit sogenannten Plomben durchgeführt. Dabei werden die künstlichen Entwässerungsgräben mit lehmiger Erde gefüllt, um das Grundwasser anzustauen. Rund 90 Lehmboden-Plomben wurden eingesetzt. Ob der erhoffte Effekt eintritt, zeige sich laut DBU in diesem Sommer.

https://dbu.de/123artikel39184_2618.html

Chorne Bagno, Ukraine
Im Moor Chorne Bagno, das zum ukrainischen Nationalpark Zacharovanyj Kraj gehört, wird seit 2021 wiedervernässt. Als natürliche Moorschützer kehrten bereits vor einigen Jahren Biber in das Gebiet zurück und unterstützten die Maschinen beim Dämmen der künstlichen Entwässerungsgräben. Ein Lehrpfad informiert Besucher(innen) über die Bedeutung von Mooren. Auf dem YouTube-Kanal des NABU wird das Projekt vorgestellt. Der Umweltverband kooperiert unter anderem mit der ukrainischen Gesellschaft für Vogelschutz sowie der Nationalparkverwaltung Zacharovanyj Kraj. Auf seiner Website bietet der NABU die Möglichkeit, für seine ukrainischen Partnerorganisationen zu spenden, um die Naturschützer(innen) in Kriegszeiten weiter zu unterstützen. (am)

https://nabu.de/natur-und-landschaft/moore/weltweit/ukraine-transkarpatien.html

Medien

Succow, M. /Jeschke, L.: Deutschlands Moore

Deutschland war einst ein Moorland mit großer Vielfalt: den Salzmooren an der Küste, den Regenmooren Nordwestdeutschlands, den mächtigen Flusstalmooren im südlichen Ostseeraum, den Mooren der Mittelgebirge, des Alpenvorlandes und des Alpenrandes. Über Jahrtausende erfüllten sie für den Landschaftswasserhaushalt und das Klima wichtige Funktionen. Die beiden renommierten Moorforscher Michael Succow und Lebrecht Jeschke kennen sie alle aus eigener Anschauung – oder vielmehr das, was noch von ihnen übrig ist. In den vergangenen Jahrzehnten haben sie die Moorgebiete immer wieder besucht und beforscht. Daher haben sie den Grad ihrer Schädigung oder Zerstörung deutlich vor Augen. In dem Bildband „Deutschlands Moore" teilen Succow und Lebrecht ihr Wissen und stellen die bedeutendsten 115 Moore Deutschlands, egal ob degradiert oder naturnah, mithilfe von zahlreichen groß- und kleinformatigen Fotos und Farbskizzen sowie gut verständlichen Beschreibungen ausführlich vor. Zugleich entwerfen Succow und Lebrecht dabei eine Kultur- und Naturgeschichte der Moore. So geht es im ersten Teil des Bandes um die ambivalente Beziehung von Mensch und Moor, angefangen von den ersten Nutzungen bis hin zur Rolle von Mooren in der Kunst und als mystische Orte. Der zweite Teil beschreibt die Funktionsweise von Mooren sowie ihre Aufgabe innerhalb von Naturlandschaften. Dabei führen die Autoren leicht verständlich und umfassend in den aktuellen Stand der Moorkunde ein, Fachbegriffe werden erläutert. Sie erklären anschaulich, was verschiedene Moortypen voneinander unterscheidet, denn Moor ist nicht gleich Moor. Die Fotos dieses Abschnitts zeigen die ungeheure Vielfalt der moortypischen Fauna und Flora.

Im dritten Teil des Bandes werden Schicksale ausgewählter Moore in verschiedenen Regionen Deutschlands vorgestellt. Der Großteil unserer Moore wurde durch tiefgreifende Entwässerung für Weideland und Ackernutzung sowie den industriellen Torfabbau zerstört. Wirklich ungestörte Moorlandschaften existieren nur noch vereinzelt. Obwohl den Autoren durchaus bewusst ist, dass sich der ursprüngliche Zustand der Moore nicht wiederherstellen lässt, haben sie eine Menge Ideen und konkrete Vorschläge, was sich gegen die

Zerstörung tun lässt. Gemeinsam mit den Ökologinnen Greta Gaudig und Franziska Tanneberger wagen sie daher im letzten Kapitel einen Ausblick auf die Chancen, die eine konsequente Wiedervernässung der Moore sowie ökologisch sinnvolle Paludikulturen für Klima- und Artenschutz, aber auch für uns Menschen bieten.

Ein im doppelten Wortsinn gewichtiges Buch: Das großformatige, reich bebilderte Werk wiegt beinahe drei Kilo und zeichnet sich durch enzyklopädisch anmutendes, aber sehr verständlich aufbereitetes Wissen aus. Beide Autoren sind Biologen und langjährige Weggefährten im Moor- und Naturschutz. Ihre Begeisterung für die außergewöhnliche Tier- und Pflanzenwelt dieser Feuchtgebiete ist deutlich zu spüren. Und sie steckt an: Nach der Lektüre möchte man am liebsten sofort zu einer eigenen Entdeckungsreise in eines der beschrieben Moore aufbrechen. (ao)

Succow, Michael / Jeschke, Lebrecht:
Deutschlands Moore. Ihr Schicksal in unserer Kulturlandschaft.
Natur+Text, Rangsdorf 2022,
544 S., 908 Fotografien, 69,00 €,
ISBN 978-3-942062-41-1

Jäger, C.: Klimaschutz braucht Moorschutz

Dass Moore eine wichtige Rolle bei der Emission von Treibhausgasen spielen, ist inzwischen allgemein anerkannt. In Deutschland und den Niederlanden hat der industrielle Torfabbau und die Trockenlegung der Moore zur Gewinnung landwirtschaftlicher Nutzflächen eine lange Tradition. Heute weiß man, welche ökologische Katastrophe das verursacht, und versucht gegenzusteuern. Cornelia Jäger, von Beruf Tierärztin (zuletzt „Die Sache mit dem Suppenhuhn"), stellt Arten und Geschichte der Moore übersichtlich und allgemeinverständlich vor. Neben den verschiedenen Moorarten, einer kurzen Geschichte des Moorabbaus und einem Kapitel zur ökologischen Vielfalt der Pflanzenwelt, besonders der Torfmoose, liegt der Fokus des Buchs auf der Kohlenstoffspeicherung. Auch wenn die Angaben zur Treibhausgasemission auch anders gesehen werden können, tut das der Gesamtdarstellung keinen Abbruch. Die Wiedervernässung ist leider nicht so erfolgreich, wie im Buch dargestellt, da inzwischen die Regenmengen nicht mehr ausreichend sind. Trotzdem breit empfohlen.

Marianne Fix

Diese Besprechung wurde für den ekz-Bibliotheksservice im Nov. 2020 erstellt.

Jäger, Cornelie:
Klimaschutz braucht Moorschutz. Warum Moorböden unsere besondere Aufmerksamkeit verdienen und was wir für sie tun können.
oekom verlag, München 2020,
146 S., 24,00 €,
ISBN 978-3-96238-220-9

Haft, J.: Magie der Moore

Wer die Magie, die Moore auf Menschen ausüben, verstehen will und kein intaktes Moor in der Nähe hat, dem oder der sei dieser Film empfohlen. Der versierte Naturfilmer Jan Haft holt die Zuschauer(innen) da ab, wo viele von ihnen nach der Schullektüre von Droste-Hülshoffs berühmter Ballade „Der Knabe im Moor" stehen geblieben sind.

Haft zeigt aber nicht nur das manchmal Unheimliche dieser Feuchtgebiete mit dem rätselhaften Farbenspiel am dunklen (Nacht-)Himmel oder den seltsam gebogenen Bäumen und Sträuchern, sondern fängt vor allem die Magie ein, die von Moorlandschaften und den in ihnen lebenden Pflanzen und Tieren ausgeht. Dabei kommt ihm sein Wissen als studierter Biologe und Geologe zugute, der um die Einzigartigkeit und die Fragilität dieses Ökosystems weiß. Außerdem hat er ein gutes Gespür dafür, wie sich wichtige Details anschaulich in Szene setzen lassen. So zeigt er beispielsweise gerne in Zeitlupe, welche großen und kleinen Lebewesen sich im Moor tummeln und wie sie voneinander abhängig sind.

Gefilmt hat er über fünf Jahre lang an rund 80 Orten in Deutschland, Dänemark, Schweden, Finnland und der Slowakei. Das Tondesign unterstützt die dichte Atmosphäre der ansprechenden Bilder von Wölfen und Bären, Torfweihern mit filigranen Libellen und Kleinstlebewesen in der urwüchsigen Fauna der verschiedenen Moore. Untermalt werden die Bilder von der markanten Stimme des Schauspielers Axel Milberg. Er unterfüttert den Augenschmaus mit Fakten und vergisst dabei auch nicht, auf die Zerbrechlichkeit des einzigartigen Lebensraums und die Folgen des großflächigen Torfabbaus und der Entwässerung hinzuweisen. Herausgekommen ist so ein sehenswerter Dokumentarfilm für die ganze Familie! (ao)

Haft, Jan: Magie der Moore,
Deutschland 2015, 90 Minuten.

Kurz notiert

Börnsen, Arne (Hrsg.):
Ringen ums Teufelsmoor. Vom Entwässerungsgraben zum Moorschutz.
Carl Ed. Schünemann Verlag, Bremen
Oktober 2022, 136 S., 24,90 €,
ISBN 978-3-7961-1161-7

Kurz reingehört

Jung & Naiv: Folge 571
mit Moorforscherin
Franziska Tanneberger
https://www.youtube.com/watch?v=kLD9T1Rm2Tk

SPEKTRUM NACHHALTIGKEIT

Die gesellschaftliche Diskussion um die Zukunft ist vielschichtig. Im Spektrum Nachhaltigkeit veröffentlicht die politische ökologie deshalb – unabhängig vom jeweiligen Schwerpunktthema – Fachbeiträge, die sich mit verschiedenen Aspekten der Nachhaltigkeit auseinandersetzen. – Viel Vergnügen beim Blick über den Tellerrand!

Sicherheitspolitik im 21. Jahrhundert

Zeitenwende

Von Joachim Spangenberg und Rudi Kurz

Der russische Angriffskrieg auf die Ukraine bestimmt heute die politische Agenda. Die schrecklichen Bilder haben die Bedrohung der Menschheit durch Pandemie, Klimawandel und Biodiversitätsverlust in den Hintergrund gedrängt – zumindest was die Prioritätensetzung und Aktivitäten von Entscheidungsträger(inne)n betrifft. Dass die Opferzahlen im Vergleich mit 15 bis 18 Millionen Corona-Toten und den zahlreichen Millionen gegenwärtiger und zukünftiger Umweltopfer geringer sind, spielt dabei keine Rolle. Aber »Nachrüsten« ist in der Klima- und Ressourcenpolitik mindestens ebenso dringend wie in der militärischen Sicherheitspolitik.

Sicherheit im 21. Jahrhundert muss anders buchstabiert werden als in der zweiten Hälfte des 20. Militärische Expansion und Überlegenheit setzen letztlich ökonomische Überlegenheit voraus, die wenig Rücksicht auf ökologische Belastungsgrenzen und Rohstoffbestände nimmt. Damit werden gerade in den entscheidenden nächsten beiden Jahrzehnten Kräfte und politische Aufmerksamkeit gebunden, die konzentriert eingesetzt werden müssten gegen die Klima- und Biodiversitätskatastrophe.

Immerhin ist nun klar geworden: Wir leben in einer Zeitenwende. Sicherheit ist nicht selbstverständlich und es gibt sie nicht zum Nulltarif. Allerdings wird die Dimension dieser Zeitenwende noch nicht verstanden. Tatsächlich bedeutet sie einen grundlegenden industriellen Wandel. Anlagen für erneuerbare Energien erfordern eine neue Rohstoffbasis – das postfossile Zeitalter wird ein Metallzeitalter, das von Ressourcenmangel, nicht nur von Knappheiten,geprägt sein wird. (1) Auch wenn es sich um eine unbequeme Wahrheit handelt, muss diese veränderte Realität in vollem Umfang zur Kenntnis genommen und kommuniziert werden. Ein gutes Beispiel gibt Robert Habeck, der von „Zumutungen" spricht und davon, dass „alle ärmer" werden – während viele populistische Politiker(innen) sich nach wie vor wegducken.

In der Zeitenwende geht das Wachstumszeitalter seinem Ende entgegen – wir be-

Nachhaltigkeit – der Begriff hat in den Medien mittlerweile Konjunktur. Häufig bleibt die Berichterstattung jedoch an der Problemoberfläche. Nachhaltigkeit ist beim größten deutschen Umweltverband, der zwei große Studien über ein zukunftsfähiges Deutschland initiiert hat, und der *politischen ökologie* seit vielen Jahren gut aufgehoben. Deshalb suchen sie die Zusammenarbeit: In jeder Ausgabe gibt es an dieser Stelle einen Hintergrundbeitrag von einem oder einer BUND-Autor(in).

Bund für Umwelt und Naturschutz Deutschland
BUND
FRIENDS OF THE EARTH GERMANY

finden uns bereits mitten im Übergang zum Postwachstumszeitalter, ohne uns auf die neuen Rahmenbedingungen vorbereitet zu haben. Die Übernutzung des Naturkapitals, beziehungsweise das Überschreiten der planetaren Grenzen wird als Wachstumsbremse wirksam werden – auch wenn die Modelle der etablierten Ökonom(inn)en dies ignorieren – und wird den tendenziellen Fall der Wachstumsraten weiter verstärken. Soll die gesellschaftliche Stabilität erhalten bleiben, müssen Wirtschaft und Gesellschaft wachstumsunabhängig werden.

Gleichzeitig steigen die defensiven Kosten. Das gilt nicht nur für die 100 Milliarden Euro zusätzlicher Rüstungsausgaben, sondern zum Beispiel auch für die vorsorgende Verbesserung des Gesundheitssystems, dem heute die qualifizierten Fachkräfte wegen hoher Belastung bei schlechter Bezahlung verloren gehen, und für den Klimaschutz: Durch das zögerliche Handeln in der Vergangenheit steigen die Kosten der Klimaanpassung und die Schadenskosten.

Das Weniger begleiten

Weil die Zeitenwende mit mehr Aufgaben und höheren Ausgaben des Staates verbunden ist, werden Steuer- und Abgabenerhöhungen unvermeidbar sein. Bei einem Wachstum des Bruttoinlandsprodukts (BIP) nahe oder unter null werden mit großer Wahrscheinlichkeit die verfügbaren Einkommen und damit die Konsumausgaben der privaten Haushalte sinken müssen. So erzwingen die Belastungen in der Zeitenwende Suffizienz, das heißt ein Weniger im Konsum. Wenn das nicht begleitet wird von sozialem Ausgleich für vulnerable Gruppen und von Suffizienzpolitik, also der staatlichen Unterstützung für veränderte Konsumgewohnheiten, besteht hier eine große Gefahr für die gesellschaftliche Stabilität.

Wenn das 1,5-Grad-Ziel noch erreicht werden soll, müssen Deutschland und andere reiche Länder innerhalb von weniger als zwei Jahrzehnten klimaneutral werden. Die Unabhängigkeit von russischen Energielieferungen ist dazu nur ein erster Schritt, der neue Abhängigkeiten nach sich ziehen kann. Für eine moderne Fotovoltaikanlage werden mehr als doppelt so viele metallische Rohstoffe benötigt wie für ein Kohlekraftwerk der gleichen Leistung. Bei On-shore-Windrädern ist es fast fünfmal so viel Metall, bei Offshore-Windrädern mehr als siebenmal so viel. (2) Die Nachfrage nach über 20 kritischen Metallen dürfte sich in kaum zwei Jahrzehnten vervielfachen, unter anderem für Elektrofahrzeuge, stationäre Stromspeicher, Meerwasserentsalzungsanlagen und Großanlagen für Elektrolyse zur Herstellung von grünem Wasserstoff. (3) Deshalb muss eine massive Verringerung des Energieverbrauchs gelingen (Halbierung!) – nur dann können Erneuerbare „Freiheitsenergien" sein und nicht der Startschuss für neue Abhängigkeiten. Weder Klimaschutz noch Artenschutz werden gelingen, wenn der globale Rohstoffraubbau weitergeht.

Globaler Freihandel war und ist die Basis des deutschen Wohlstands – nicht zuletzt infolge der ungleichen Austauschbeziehungen zwischen Nord und Süd. Diese grundlegende Voraussetzung des deutschen Wirtschaftsmodells ist heute von gestern. Wir brauchen deshalb eine Neudefinition der präferierten Handelspartner(innen), die sich nicht mehr allein an der kurzfristigen

Profitabilität des Austauschs orientiert, sondern auch die staatliche und gesellschaftliche Verfasstheit der Handelspartner(innen) reflektiert. (5) Die Erdgeschichte hat jedoch die Rohstofflagerstätten verteilt, ohne darauf Rücksicht zu nehmen, ob sie in demokratischen oder autoritären Staaten liegen. Da sich der Demokratiestatus in Zeiten des Populismus schnell ändern kann (wie unter Trump, Erdogan, Orban etc.), sollten sich die Handelsbeziehungen auf die EU konzentrieren. Zudem ist zu versuchen, so weit wie möglich mit den vorhandenen Ressourcen zu wirtschaften, und ergänzend Rohstoffe von einem diversifizierten Netz verlässlicher Vertragspartner(innen) zu beziehen, ohne sich in Abhängigkeit von einzelnen Lieferant(inn)en oder Abnehmer(inne)n zu begeben. Das ermöglicht auch die Abkehr von der imperialen Option, etwa dass die Bundeswehr die Rohstoffversorgungswege am Horn von Afrika sichert. Außenwirtschaftspolitik ist ohnehin – oft unbemerkt – längst zu einem Unterthema geopolitischer Machtpolitik geworden: Mehr als die Hälfte der Weltbevölkerung, einschließlich Europas, war unter Präsident Trump mit US-Wirtschaftssanktionen belegt. Der Weltmarkt ist nicht neoliberal, sondern neoimperial. Statt Blockbildung unter US-Führung gilt es, die Eigenständigkeit der EU zu stärken.
Noch immer wird Technologieentwicklung so betrieben, als ob alle Rohstoffe jederzeit in beliebiger Menge billig, weil aus Ländern mit niedrigem Lohnniveau, verfügbar wären. Das ist nicht der Fall: Das Fenster für günstige Rohstoffeinfuhren schließt sich gerade. Stattdessen werden die Anwendungsfelder, etwa zur Erzeugung erneuerbarer Energien, um den Zugang zu strategischen Metallen konkurrieren und die Zukurzgekommenen können die Produktion einstellen – zumindest das sollte man aus der Chip-Versorgungskrise gelernt haben.

Was tun?

▭ Unstrittig sind die Beschleunigung des Ausbaus erneuerbarer Energien und das „Energiesparen". Allerdings ist die Perspektive deutlich zu erweitern. Es geht nicht nur um (noch schnellere) Steigerung der Energieeffizienz, sondern auch um weniger Aktivitäten, die den Energieverbrauch ankurbeln (vom Fliegen bis zur Wohnungsgröße). Und es geht ganz allgemein um den Kauf von (neuen) Produkten, der Produktion, Energie- und Rohstoffverbrauch erzeugt. Damit mündet Energiesparen in die Frage: „Wie viel ist genug?" Ein fleischfreier Tag die Woche könnte die globale Waldvernichtung halbieren (6), die dieses Jahr in Brasilien noch nie gekannte Ausmaße angenommen hat – vor unseren Augen wird ein Kipppunkt des Weltklimasystems überschritten. In planetaren Grenzen ist „Wohlstand für alle" nur möglich, wenn die Reichen ihre Umweltansprüche deutlich reduzieren.
▭ Unterlassen werden sollten alle Maßnahmen, die negativ auf Langfristziele wirken, wie Subventionen für Treibstoffe, Mobilität, Strom, Heizen, Lebensmittel – die Preise sind Knappheitsanzeiger und müssen die Wahrheit sagen. Stattdessen sind gezielt bedürftige, vulnerable Gruppen zu entlasten (d. h. höheres Nettoeinkommen ohne paternalistische Verzerrungen). Den Nachhaltigkeitszielen entgegen steht ein Wiederaufleben des militärisch-industriellen Komplexes und die Zunahme der Ressourcenverschwendung im Rüstungswettlauf.

▭ In der Krise und im Postwachstumszeitalter ist eine wirksame und fokussierte Sozial- und Verteilungspolitik unverzichtbar, die Transformationslasten und -gewinne gerecht verteilt. Steuererhöhungen, insbesondere der Einkommenssteuer (Klima-Soli), sind dazu unausweichlich. Durch den Ukraine-Krieg ist eine Notsituation aufgetreten, die erneut eine Aussetzung der Schuldenbremse erforderlich machen könnte – befristet und mit Tilgungsplan, damit zukünftige Generationen nicht überlastet werden.

▭ Der Weg in die russische Gas-Knechtschaft war für einzelne Unternehmen vorteilhaft und rational. Das Defizit an gesamtwirtschaftlicher strategischer Planung ist offensichtlich. Die Globalisierung der deutschen Wirtschaft muss auf ein »optimales« Maß reduziert werden, das Kostenvorteile und Risiken der Unterbrechung von Lieferketten nicht nur einzelwirtschaftlich bewertet. Re-Regionalisierung hat Kostennachteile, stärkt aber die europäische Wertschöpfung.

Moralisch erbärmlich und unerträglich sind die Kriegsgewinnler(innen), die auf dem Feuer brennender Städte ihre zu Recht auf dem Müllhaufen der Geschichte gelandeten Konzepte wieder aufzuwärmen versuchen. Atomenergie (von Garching, Gronau und Lingen ganz zu schweigen), Fracking, Braunkohlestrom, Öl- und Gasbohrungen im Wattenmeer, Landwirtschaft auf geschützten Flächen und noch mehr Agrochemie-Einsatz sind nur die prominentesten Beispiele – fehlt nur noch mehr Autobahnbau für die schnellere Truppenverlegung. Das war ja auch ihr Ursprungszweck.

Anmerkungen

(1) www.spektrum.de/news/fuer-die-energiewende-werden-die-rohstoffe-knapp/2005387

(2) IEA International Energy Agency (2022): The Role of Critical Minerals in Clean Energy Transitions. Revised version, March 2022. Paris, IEA. World Energy Outlook Special Report: 287.

(3) Marscheider-Weidemann, F., et al. (2021): Rohstoffe für Zukunftstechnologien 2021. Deutsche Rohstoffagentur (DERA) in der Bundesanstalt für Geowissenschaften und Rohstoffe (BGR). Berlin, Rohstoffinformationen 50, S. 366.

(4) Horn, G. (2022). Deutschland braucht neue Spielregeln für den globalen Handel. ZEIT Online 2022 (26.04.2022).

(5) www.nature.com/articles/d41586-022-01238-5

Zu den Autoren

Rudi Kurz ist Volkswirt und lehrte VWL an der Hochschule Pforzheim. Er engagiert sich seit vielen Jahren ehrenamtlich im wiss. Beirat des BUND.

Joachim H. Spangenberg ist Biologe, Ökologe und Volkswirt. Er ist Vorsitzender des wiss. Beirats des BUND.

Kontakt

Prof. Dr. Rudi Kurz
Hochschule Pforzheim
E-Mail rudi.kurz@hs-pforzheim.de

Dr. Joachim H. Spangenberg
Bund für Umwelt und Naturschutz
Deutschland (BUND) e. V.
E-Mail joachim.spangenberg@bund.net

Rio 30+

Die Zukunft gehört kooperativen Kommunen

Von Gerd Oelsner

Mit dem historischen Weltgipfel für Umwelt und Entwicklung in Rio de Janeiro betritt im Juni 1992 das Konzept einer nachhaltigen Entwicklung die politische Arena. Die dort beschlossene Agenda 21 als Fahrplan für unser Jahrhundert bekommt vor Ort viele Füße: „Ohne jeden Zweifel sind die vielen Projekte zur Entwicklung einer Lokalen Agenda 21 eine der wirklichen Erfolgsgeschichten des Rio-Prozesses" bilanziert der frühere Umweltminister und Exekutivdirektor des Umweltprogramms der Vereinten Nationen Klaus Töpfer. (1) Diesen örtlichen und bürgerschaftlich getragenen Initiativen folgen viele weitere: Das erste, 2009 in Amsterdam entstandene Reparaturcafé hat heute allein in Deutschland über 1.500 Nachahmer. Hinzu kommen Tausende Initiativen wie Gemeinschaftsgärten, zum Teilen von Produkten und Dienstleistungen oder für die gemeinsame Nutzung erneuerbarer Energien. In den letzten 30 Jahren waren Zivilgesellschaft und Kommunen die Nachhaltigkeitstreiber für eine sozialökologische Transformation. Das Wuppertal Institut für Klima, Umwelt, Energie sieht die „Zivilgesellschaft als Taktgeber" und einzelne „Pioniere des Wandels als Motoren" der großen Transformation, denn „letztendlich geht jede Veränderung von Individuen aus". (2) Die große Transformation zerfällt in der Praxis heute und künftig in viele kleine Transformationen, die Kommune wird dabei zum zentralen Handlungsfeld und Aktionsraum der Zivilgesellschaft sowie anderer Akteure.

Kommune als Aktionsraum

Die Initiativen markieren quantitativ und qualitativ eine neue Dimension zivilgesellschaftlicher Aktivitäten für eine nachhaltige Entwicklung. Sie schaffen sich oft eine eigene, unabhängige wirtschaftliche Basis. Daraus entsteht ein neues Verhältnis von Produktion und Konsum mit Personen als gemeinsamen »Prosumenten«. Diese sogenannten Commons als praktisches Organisationsmodell sind für den amerikanischen Zukunftsforscher Jeremy Rifkin „der große Paradigmenwechsel: Vom Marktkapitalismus zu den kolloborativen Commons". Durch die „Förderung einer Teil- und Tauschkultur" erfolge der Umstieg von Eigentum auf Zugang. (3)

Kleinräumige und im Vergleich zur Lokalen Agenda 21 stärker unabhängige Initiativen verschaffen sich vor Ort ihre Nischen als Frei- und Kreativräume, um konkrete Vorschläge zur Nachhaltigkeit zu entwickeln und umzusetzen. Eine Stärke liegt in lokalen Lösungen. Mit den angestoßenen Innovationen entwickeln sich „Städte und Gemeinden als Reallabore der Nachhaltigkeit". (4) Dabei entstehen vor Ort neue Organisationsformen einer nicht organisierten Zivilgesellschaft, in denen das Engagement von Einzelnen zum Tragen kommt und die auch etablierte Verbände einbeziehen. Die Kommune wird zum wichtigsten Aktionsraum von Nachhaltigkeitsinitiativen und kann diese gut unterstützen: Mit Anlaufstellen in der Verwaltung, logistischer Unterstützung durch Räumlichkeiten, Flächen (für Gemeinschaftsgärten und ähnliche Projekte) oder Dächern (für Bürgerenergieanlagen) sowie finanziell durch Projektförderungen und Bürgerbudgets. Hinzu kommen niedrigschwellige Beratungs- und Qualifizierungsangebote sowie fachliche Unterstützung. Dies fördert das Engagement der Bevölkerung für ihre Kommune und erhöht die Lebensqualität vor Ort. So können Zwischennutzungen leer stehender Geschäfte sowohl diese Initiativen unterstützen als auch die Attraktivität der Innenstädte erhöhen.

Die Zukunft gehört kooperativen Kommunen, die für die gemeinsame nachhaltige Zukunftsgestaltung durch die Stadtgesellschaft Strukturen und Prozesse schaffen. Eine kooperative Kommune bietet Möglichkeiten für eine starke Partizipation und zur Förderung von Eigeninitiative. Sie führt die Handlungen der verschiedenen Akteure zusammen. Dabei bezieht sie nicht nur formelle Institutionen, sondern auch informelle Verfahrensweisen und Maßnahmen ein, um die Zusammenarbeit und die konkrete Übernahme von Verantwortung zu ermöglichen. Eine kooperative Kommune braucht dafür eine große Vielfalt an Möglichkeiten und zahlreiche Plattformen wie gemeinsame Häuser und Zentren, verschiedene Formen der Bürgerbeteiligung, Kleinprojektefonds, gemeinsame Diskussionsstrukturen oder andere örtlich angepasste Formen. (5)

Stellschrauben kommunaler Nachhaltigkeit

Dabei muss das aktive Element zivilgesellschaftlicher Aktivitäten mit stabilisierenden Strukturen der Kommunalpolitik und Instrumenten für eine nachhaltige Entwicklung verknüpft werden. Die Umsetzung von Nachhaltigkeit in deutschen Kommunen zeigt heute insgesamt das Bild einer Pyramide: Es gibt zahlreiche und meist zivilgesellschaftliche Initiativen für ein nachhaltiges Leben als breite Grundlage. Darüber hinaus finden sich viele im Vergleich dazu umfassendere sektorale kommunale Aktivitäten besonders durch Klimaschutzprogramme. An der Spitze stehen insgesamt relativ wenige und umfassende kommunale Nachhaltigkeitsprozesse und -konzepte. Es kommt darauf an, die vielen zivilgesellschaftlichen Einzelinitiativen oder sektoralen Konzepte mit einem umfassenden Nachhaltigkeitsrahmen zu verknüpfen und dabei bisherige Schwachstellen zu beheben.

Ein gutes Beispiel hierfür ist die Stadt Amsterdam mit ihrer „Circular Strategy". Sie konzentriert sich auf drei Bereiche: Der Schwerpunkt Lebensmittel und organische Abfallströme fördert beispielsweise regionale Lebensmittel und eine gesunde Ernährung. Im Schwerpunkt Konsumgüter finden unter anderem Secondhandläden, Reparaturzentren und Sharing-Plattformen Unterstützung. Der Schwerpunkt Bauen und Umwelt setzt auf Recycling und nachhaltige Materialien. In allen Bereichen geht die

Stadt mit gutem Beispiel bei der Beschaffung oder bei öffentlichen Bauten voran. (6) Vor allem das letzte Thema ist bisher die große Leerstelle kommunaler Nachhaltigkeitspolitik: „Der Elefant im Klimaraum ist das Bauen und Betreiben von Gebäuden", stellt der Klimaforscher Hans Joachim Schellnhuber bei der Präsentation der Initiative „Bauhaus der Erde" im April 2021 fest. (7) Sie will nachhaltiges Bauen als wesentlichen Hebel für eine nachhaltige Entwicklung voranbringen: Der Bausektor ist für rund 40 Prozent der globalen Treibhausgasemissionen verantwortlich und in Deutschland für über die Hälfte des Abfallaufkommens.

Allerdings werden umfassende kommunale Nachhaltigkeitsstrategien auch künftig die Ausnahme bleiben. Die meisten Kommunen arbeiten mit einzelnen Nachhaltigkeitsbausteinen. Von herausragender Bedeutung ist hier eine nachhaltige Beschaffung. Sie erfordert kein neues Personal, setzt Nachhaltigkeit sofort um und wirkt doppelt nach außen: Sie fördert in erheblichem Maße nachhaltige Produkte in der Wirtschaft und ist – mit entsprechender Öffentlichkeitsarbeit – das Vorbild für einen nachhaltigen Konsum der Bevölkerung. Ferner sollten Nachhaltigkeitschecks große Vorhaben der Kommune auf ihre Auswirkungen überprüfen, um Nachhaltigkeit in die Kommunalpolitik zu integrieren. Außerdem sollten Kommunen regelmäßig ihre nachhaltige Entwicklung durch Indikatoren und Nachhaltigkeitsberichte überprüfen und dokumentieren.

Beide Instrumente bilden auch wichtige Bestandteile kommunaler Nachhaltigkeitsstrategien. Erstmals durchgeführt, können sie als Bestandsaufnahme die Grundlage für weitere Schritte wie die Erarbeitung von Leitlinien und eines Handlungsprogramms schaffen, wobei eine möglichst umfangreiche Beteiligung der Stadtgesellschaft erfolgen sollte. In der weiteren Umsetzung dienen ihre regelmäßigen Fortschreibungen dann als Monitoring sowie zur Berichterstattung und schließen den nachhaltigen Managementzyklus.

Gesucht: Vertikale Verknüpfung

Kommunen und Zivilgesellschaft benötigen für ihre Nachhaltigkeitsaktivitäten verlässliche Rahmenbedingungen. Beispiele wie die starke Gründungswelle und spätere Stagnation der Bürgerenergiegenossenschaften oder eine nachhaltige Beschaffung zeigen, wie wichtig unterstützende und verlässliche rechtliche Rahmenbedingungen auf Bundesebene sind. Dabei können effektive Stellschrauben wie eine nachhaltige Beschaffung durch gemeinsame Aktivitäten auf allen politischen Ebenen vorangebracht werden. Initiativen von Bund und Ländern erhöhen die Akzeptanz der Umsetzung auf kommunaler Ebene. Eine vertikale Verknüpfung von Nachhaltigkeitsinstrumenten ist auch bei Nachhaltigkeitsprüfungen möglich: Wenn übergeordnete politische Ebenen diese praktizieren und weitervermitteln, werden Kommunen solche Instrumente stärker anwenden. Das gilt auch für Nachhaltigkeitsindikatoren und -berichte.

Äußerst sinnvoll wäre die Unterstützung und Kofinanzierung von Kleinprojektefonds und Bürgerbudgets in Kommunen oder Landkreisen durch Bund und Länder. Auch regionale Vernetzungs- und Beratungsstrukturen für Kommunen und Zivilgesellschaft fördern nicht nur örtliche Nachhaltigkeitsinitiativen, sondern bringen diese auch mit Nachhaltigkeitsaktivitäten auf Länder- und Bundesebene zusammen. Denn eine große sozialökologische Transformation besteht aus vielen einzelnen Transformationen, die gemeinsam eine wesentlich größere Wirkung entfalten.

Anmerkungen

(1) Töpfer, K. (2006): Vom Rhein nach Rio – Umweltpolitik wird global. In: Vahrenholt, Fritz (Hrsg.): Die Umweltmacher. 20 Jahre BMU – Geschichte und Zukunft der Umweltpolitik, Hoffmann und Campe Verlag. Seite 23-33, Zitat S. 29.

(2) Schneidewind, U. (2018): Die große Transformation. Eine Einführung in die Kunst gesellschaftlichen Wandels, S. Fischer Verlag GmbH. S. 301 und 452.

(3) Rifkin, J. (2014): Die Null-Grenzkosten-Gesellschaft. Das Internet der Dinge, kollaboratives Gemeingut und der Rückzug des Kapitalismus, Campus Verlag GmbH. Hier S. 9 ff.

(4) Loske, R. (2016): Politik der Zukunftsfähigkeit. Konturen einer Nachhaltigkeitswende, S. Fischer Verlag. Hier S. 251 ff.

(5) Stamm, N. (2021) Leitbild Kooperative Stadt. In: Ders. (Hrsg.): Lessons learnt. Anläßlich 25 Jahren Lokale Agenda 21 – für ein zukunftsfähiges Augsburg. Erkenntnisse für lokale Transformationsprozesse Richtung Nachhaltigkeit, Augsburg. S. 41-45.

(6) www.amsterdam.nl/en/policy/sustainability/circular-economy

(7) www.bauhausdererde.org

Zum Autor

Gerd Oelsner ist Politikwissenschaftler. Er leitete das Agenda- und Nachhaltigkeitsbüro des Landes Baden-Württemberg seit der Gründung 1998 bis zum Jahr 2020. Er ist seit vielen Jahren ehrenamtlich aktiv.

Kontakt

Gerd Oelsner
E-Mail gerd.oelsner@web.de

Verkehrswende

Das Abschaffen subventionieren

Von Michael Kopatz

Vor einigen Jahren hatte ich eine interessante Begegnung im Zug. Mir gegenüber saß ein Geschäftsmann aus der Automobilindustrie. Wir kamen ins Gespräch und nach einer Weile fragte ich: „Warum fahren Sie (als Automann) denn mit der Bahn, sogar mit einer BahnCard 100?" Seine Antwort: „Vor einigen Jahren habe ich mir den Fuß gebrochen. Daraufhin meinte der Chirurg, ich könne jetzt ein Jahr kein Auto fahren, ich war auf die Bahn angewiesen. Anschließend konnte ich mir gar nicht mehr vorstellen, mit dem Auto zu fahren. Wenn ich jetzt nach Hause komme, sind die Berichte geschrieben, die Listen fertig und ich habe meistens Feierabend. Früher musste ich mich dann noch Stunden an den Schreibtisch setzen. Deswegen ist es für mich auch nicht so schlimm, wenn es mal etwas später wird mit der Bahn."

Die Umstellung auf ein Leben ohne eigenes Automobil wird als radikal empfunden. Das Auto ist soziokulturell und mental fest verankert. Stau auf der Autobahn, nervige Parkplatzsuche, steigende Spritpreise und Parkplatzgebühren haben bisher nicht vermocht, einen Wandel der Mobilitätskultur zu initiieren. Und das liegt wohl auch daran, dass die Bundesregierung augenscheinlich bisher nicht daran interessiert schien, dass Millionen Menschen ihre Gewohnheiten ändern und das eigene Auto abschaffen. Im Gegenteil, sie verschenkt Milliarden, damit die Menschen ihre automobilen Gewohnheiten beibehalten. In Deutschland gibt es viel Geld vom Staat, wenn man einen Dienstwagen, einen Diesel oder ein E-Auto fährt. Auch der Kauf eines Hybrid-Autos oder das Pendeln zur Arbeit wird subventioniert. Insgesamt fördern die Behörden klimaschädliches Mobilitätsverhalten mit knapp 30 Milliarden Euro pro Jahr, bilanziert das Umweltbundesamt. (1)

Eine Prämie für kein Auto

Nur wenn man sein Auto abschafft, dann gibt es kein Geld. Wie wäre es mit einer Förderung für das Naheliegende? Es dürfte wohl der weitaus effektivste Beitrag zu Klimaschutz und Verkehrswende sein, den man leisten kann. Und so könnte die »Abschaffprämie« funktionieren: Wer sein privates Auto abschafft und mindestens für ein Jahr autofrei bleibt, bekommt 2.000 Euro vom Staat. (2) Eine Prämie als Impuls, einmal etwas anderes auszuprobieren, wie der Geschäftsmann in der Bahn.

Zum Vergleich: Im Jahr 2009 gab es für die Verschrottung des Autos 2.500 Euro, Abwrackprämie genannt. Heute bekommen Käufer(innen) eines E-Autos bis zu 9.000 Euro vom Staat. Der Bund zahlt, die Städte können die Prämie mit zusätzlichen Anreizen, sogenannten Incentives, verstärken: Etwa durch ein günstiges Ticket für den Nahverkehr, einen Zuschuss für E- oder Cargo-Bike und – ganz wichtig – besondere Angebote für Carsharing. Denn die Umstellung fällt leichter, wenn sich ein Gemeinschaftsauto in unmittelbarer Nähe befindet.

Es gab in der Vergangenheit Modellprojekte wie etwa „Ein Monat ohne Auto" oder „autofasten". Doch zum einen war der veranschlagte Zeitraum viel zu kurz, denn so schnell werden Alternativen zum Getränkeholen oder Kinder-zum-Sport Bringen nicht zur Routine. Zum anderen stand der Privatwagen bei den Testhaushalten weiter vor der Tür. Nach einem Monat war dann eher klar: Ohne ist es extrem umständlich und der Wagen muss bleiben. Um wirklich neue Routinen zu etablieren, bräuchte es einen Selbstversuch über ein Jahr lang. Diese innovative Form einer Abwrackprämie könnte als Milliardenprogramm die Transformation der Mobilitätskultur initiieren. Wenn man die Prämie auf 2.000 Euro festlegt, würden bei einem Gesamtvolumen von vier Milliarden Euro zwei Millionen Autos abgeschafft. Vorausgesetzt freilich, es finden sich genügend Interessent(inn)en.

Das müsste man ausprobieren, zunächst in kleinem Maßstab. Details wären nach der Auswertung von Modellphasen festzulegen: Wie hoch sollte die Prämie sein, damit sie als attraktiv empfunden wird? Welche Incentives kommen gut an? Wie nah muss ein Carsharingauto bereitstehen? Bereits zweimal hat das Wuppertal Institut zusammen mit mehreren Kommunen und Stadtwerken einen Forschungsantrag dazu an den Bund gerichtet – ohne Erfolg. Vielleicht ist in Autodeutschland die Vorstellung, eine Prämie für den Nichtkauf eines Autos auszuzahlen, noch zu visionär. Zumindest eine erste Studie zu vergeben, wie die Prämie ankommt und auszugestalten wäre, das traut sich nun vielleicht die Ampel-Koalition.

Inzwischen gibt es sogar erste Praxisbeispiele, in diese Richtung. In Denzlingen bekam 500 Euro Prämie, wer sein Auto abschaffte. Immerhin 15 Haushalte legten bei diesem ersten Versuch ihren Wagen still und verpflichteten sich, sogar für drei Jahre, keinen neuen zu kaufen. Die Prämie floss zweckgebunden etwa in ein Jahresticket für den öffentlichen Nahverkehr. Frankreich fördert mit 2.500 Euro die Anschaffung eines E-Bikes – aber nur, wenn man dafür sein Auto abschafft. Bisher gab es eine Prämie nur für den Erwerb eines neuen Autos. Und die Finnen bekommen 1.000 Euro durch das Programm „Cash for Clunkers" (Bargeld für Klapperkisten).

Der Zeitpunkt ist günstig

Knapp 80 Prozent der Bürger(innen) wünschen sich weniger Autos in ihrer Gemeinde (3) und rund 40 Prozent können sich vorstellen, zukünftig auf ein eigenes Auto zu verzichten, wie eine Befragung aus dem Jahr 2019 ergab. (4) Demnach haben Millionen schon einmal darüber nachgedacht, ihr Auto abzuschaffen. Ein besonders naheliegender Moment, solch einen Gedanken in die Tat umzusetzen, ergibt sich, wenn das alte Auto geht und die Ausgabe für ein neues ansteht. Denn die Anschaffungskosten machen beim Privatauto den größten Anteil aus. Anschließend ergeben sich nur die Kosten für den Unterhalt und in der Regel sehen die Nutzenden allein den Spritpreis. Im Vergleich dazu erschei-

nen Bus und Bahn sehr teuer, ebenso wie Carsharing, weil mit jeder Fahrt die Vollkosten abgerechnet werden. Aus dem Besitz des Fahrzeugs ergibt sich sozusagen der ökonomische Zwang, es auch zu nutzen.
Hilfreich ist auch, dass die politische Debatte zur Verkehrswende an Fahrt aufnimmt, wie auch die Umsetzung von Maßnahmen. Der Bund hat seine Investitionen in die Bahn deutlich erhöht, viele Städte verbessern ihre Nahverkehrs- und Sharingangebote, erweitern ihre Radwegenetze, und vieles mehr. München, Hamburg und Berlin haben mit dem Rückbau von Parkflächen begonnen. Parken wird teurer und die CO_2-Steuer erhöht den Spritpreis. All das hat bisher nicht bewirkt, dass sich nennenswerte Teile der automobilen Stadtgesellschaft vom Privatauto trennen. An diesem Punkt setzt die Abschaffprämie an. Sie initiiert bestenfalls eine gesellschaftliche Debatte über das eigene Auto. Womöglich ändert sich nicht nur die Einstellung derer, die die Prämie erhalten, sondern der gesamten Gesellschaft.
Die Bundesregierung redet nicht davon, aber um die Klimaschutzziele zu erreichen, wird sich auch die Zahl der zugelassenen Pkw verringern müssen. Und das vor allem in den Städten, da man in vielen ländlichen Räumen auch langfristig auf ein Auto angewiesen sein wird. Verschiedene Klimaschutzszenarien gehen von einem notwendigen Pkw-Rückgang um 30 bis 50 Prozent auf 25 bis 35 Millionen aus. (5) Die Besitzquote stieg kontinuierlich auf zuletzt 580 Pkw pro 1.000 Einwohner(innen) (6), die Entwicklung müsste aber in die entgegengesetzte Richtung gehen. Das Umweltbundesamt schlägt als Zielwert für Großstädte 150 Pkw vor. Es ist ein kaum vorstellbarer Kraftakt, die Autoflotte auf elektrische Motoren umzustellen, betrieben mit grünem Strom. Das ganze Vorhaben hängt von der Bereitschaft unserer Nation ab, ihre Mobilitätsroutinen zu überdenken.
Eine Prämie für kein Auto klingt im autoverrückten Deutschland ziemlich abenteuerlich. Doch das Weniger in der Automobilindustrie führt zu einem Mehr in zukunftsfähigen Branchen: Der Nah- und Fernverkehr, die Fertigung von Bussen und Zügen, Rädern, CargoBikes und E-Scootern, und die damit auszubauende Infrastruktur bringt wirtschaftliches Wachstum.

Nicht gerecht, aber zukunftstauglich

Nun lässt sich fragen, ob es angemessen ist, den Autobesitzer(inne)n noch mehr Geld hinterherzuwerfen. Wer hingegen nie ein Auto besessen hat oder bereits vor fünf Jahren auf Carsharing umgestiegen ist, bekommt nichts. Stimmt, das ist ungerecht. Ich habe nie ein Auto besessen und bin mit Carsharing ausgekommen. Doch warum ich jetzt dafür belohnt werden sollte, will mir nicht einleuchten. Die Prämie soll nicht belohnen, ein Verhalten beizubehalten, sondern motivieren, es zu verändern. Von den Prämien für den Erwerb eines Autos habe ich im Übrigen auch nie profitiert, sie wohl aber über Steuergelder mitfinanziert. Gerecht fühlt sich das nicht an.
Politik richtet sich auf die Zukunft. Wer vor Einführung des Elterngeldes Kinder bekam, ist leer ausgegangen ebenso wie die Käufer(innen) eines Elektroautos. Irgendwann einmal gab es eine Förderung für solare Warmwasseranlagen. Wer vor dem Stichtag beauftragt oder gekauft hat, ging leer aus

– oder bekommt weniger, wenn die Förderung erhöht wurde.
Deutschland war mal vorbildlich beim Klimaschutz. Doch jetzt geht das Land nicht mehr voran. Das liegt nicht zuletzt am Versagen der Verkehrspolitik und einem Bundesverkehrsminister, der ein zigmal untersuchtes Tempolimit mit nachweislich positiven Effekten für Klima und Todesraten als „gegen jeden Menschenverstand" bezeichnete, sekundiert von einem Welt-Chefredakteur, der einer jungen Fridays-for-Future-Aktivistin empfahl, sie solle auch mal über die „Seele des Autos" reflektieren.
Das Ziel der Bundesregierung, bis zum Jahr 2030 die Emissionen im Verkehrssektor um 40 Prozent zu senken, ist nicht mehr annähernd zu erreichen. Die Emissionen liegen heute fast auf dem gleichen Niveau wie 1990. Und dennoch stehen die Zeichen auf Wachstum, mehr Straßen, mehr Autos, mehr Lkw, mehr Logistikzentren. Diese für Klima, Landschaft und Gesundheit desaströste Entwicklung zu stoppen, ist inzwischen sogar verfassungsrechtlich geboten. Die Antriebswende ist auf dem Weg, die Mobilitätswende steht noch aus.
In Verbindung mit den avisierten Investitionen in nachhaltige Infrastrukturen könnte eine Abschaffprämie als förderpolitische Innovation der Anfang sein für einen Wandel unserer Mobilitätskultur, einer mentalen Transformation. Damit wir den jungen Menschen nicht die Zukunft klauen. – Es muss ein Ruck gehen durch Autodeutschland.

Anmerkungen

(1) Umweltbundesamt (2021): Umweltschädliche Subventionen in Deutschland. Dessau-Roßlau.
(2) Wuppertal Institut (2021): Klimapaket Autoverkehr. Mit welchen Maßnahmen der PKW-Verkehr in Deutschland auf Klimakurs kommt. Im Auftrag von Greenpeace e. V.
(3) www.umweltbundesamt.de/publikationen/umweltbewusstsein-in-deutschland-2016
(4) https://de.statista.com/statistik/daten/studie/28022/umfrage/umfrage-zum-leben-ohne-auto/
(5) Prognos, Öko-Institut, Wuppertal-Institut (2020): Klimaneutrales Deutschland. S. 89; Erhard, J. / Reh, W. / Treber, M. / Oelinger, D. / Rieger, D. / Müller-Görnert, M. (2014): Klimafreundlicher Verkehr in Deutschland. Weichenstellung bis 2050; dena (2021): dena Leitstudie. Aufbruch Klimaneutralität. Berlin.
(6) Umweltbundesamt (2017): Die Stadt für Morgen. Dessau-Roßlau, S. 5.

Zum Autor

Michael Kopatz ist wissenschaftlicher Projektleiter am Wuppertal Institut und Buchautor. Zuletzt erschien „Wirtschaft ist mehr!" im oekom verlag.

Kontakt

Wuppertal Institut für Klima, Umwelt, Energie
Dr. Michael Kopatz
E-Mail michael.kopatz@wupperinst.org

Haben Sie eine der letzten Ausgaben verpasst? Bestellen Sie einfach nach!

pö 157/158 Morgenland
Denkpfade in eine lebenswerte Zukunft. 19,95 €

pö 162 Bioökonomie
Weltformel oder Brandbeschleuniger? 17,95 €

pö 168 Wandlungsfähig
Das Potenzial transformativer Umweltpolitik. 18,95 €

Das Gesamtverzeichnis finden Sie unter **www.politische-oekologie.de,** E-Mail neugier@oekom.de

Impressum

politische ökologie, Band 169
Moore
Trümpfe in der Klimakrise
Juli 2022
ISSN (Print) 0933-5722, ISSN (Online) 2625-543X,
ISBN (Print) 978-3-96238-392-3, ePDF-ISBN 978-3-96238-953-6
Verlag: oekom - Gesellschaft für ökologische Kommunikation mit beschränkter Haftung, Waltherstraße 29, D-80337 München
Fon ++49/(0)89/54 41 84-0, Fax -49
E-Mail oxenfarth@oekom.de
Herausgeber: oekom e. V. - Verein für ökologische Kommunikation, www.oekom-verein.de
Chefredakteur: Jacob Radloff (verantwortlich)
Stellvertr. Chefredakteurin und CvD: Anke Oxenfarth (ao)
Redaktion: Marion Busch (mb), Antonio Mastroianni (am)
Schlusskorrektur: Silvia Stammen
Gestaltung: Lone Birger Nielsen
E-Mail nielsen.blueout@gmail.com
Anzeigenleitung/Marketing: Karline Folkendt, oekom GmbH (verantwortlich),
Fon ++49/(0)89/54 41 84-217
E-Mail anzeigen@oekom.de
Bestellung, Aboverwaltung und Vertrieb:
Verlegerdienst München GmbH, Aboservice oekom verlag, Gutenbergstr. 1, D-82205 Gilching
Fon ++49/(0)8105/388-563, Fax -333
E-Mail oekom-abo@verlegerdienst.de
Vertrieb Bahnhofsbuchhandel: DMV Der Medienvertrieb GmbH & Co. KG, Meßberg 1, 20086 Hamburg

BLAUER ENGEL – DAS UMWELTZEICHEN – MI6
www.blauer-engel.de/uz195
• ressourcenschonend und umweltfreundlich hergestellt
• emissionsarm gedruckt
• überwiegend aus Altpapier
Dieses Druckprodukt ist mit dem Blauen Engel ausgezeichnet

FSC RECYCLED Papier FSC® C110508

Druck: Westermann Druck Zwickau GmbH, Crimmitschauer Str. 43, 08058 Zwickau. Zertifiziert mit dem Blauen Engel RAL-UZ 14. Gedruckt auf FSC®-zertifiziertem Papier.
Bezugsbedingungen: Jahresabonnement Print:
für Institutionen 128,50 €, für Privatpersonen 70,00 €,
für Studierende ermäßigt (gegen Nachweis) 58,00 €.
Print + Digitalabo Institution: 225,40 €, privat: 109,50 €,
ermäßigt (gegen Nachweis): 90,50 €. Alle Preise zzgl. Versandkosten.
Das Abonnement verlängert sich automatisch, wenn es nicht sechs Wochen vor Ablauf schriftlich gekündigt wird.
Einzelheft: 18,95 € zzgl. Versandkosten. E-Book-Preis: 14,99 €.
Konto: Postbank München,
IBAN DE59 7001 0080 0358 7448 03, BIC PBNKDEFF.

Bildnachweise: Adobe Stock: Titel: Countrypixel, zzorik, dachux21, bearb. von L. B. Nielsen, S. 129 VectorMine; Seite 13, 14, 15, 23, 51, 79 Sarah Heuzeroth, S. 31 Stefan-Schwill, S. 31, 65, 72, 86 P. Schroeder S. 58 Jongebloed DBU

Die Deutsche Nationalbibliothek - CIP-Einheitsaufnahme. Ein Titeleinsatz für diese Publikation ist bei der Deutschen Nationalbibliothek erhältlich.

Vorschau
Nachhaltigkeitsdilemmata

politische ökologie (Band 170) - Oktober 2022

Im Jahr 2015 einigten sich 193 Staaten in der Agenda 2030 auf 17 globale Nachhaltigkeitsziele (Sustainable Development Goals, SDGs) mit 169 Unterzielen. Damit war und ist die Hoffnung verbunden, den Begriff Nachhaltigkeit endlich mit Leben zu füllen und eine gerechtere Welt zu schaffen. Die praktische Umsetzung verläuft jedoch bislang eher schleppend, da zwischen einzelnen SDGs naturgemäß Zielkonflikte bestehen, die sich in Form sogenannter Nachhaltigkeitsdilemmata manifestieren.

Die Dilemmata fühlen sich an wie Zwickmühlen und führen zu Widerständen, Konflikten und Unsicherheiten. Bei näherer Betrachtung aber steckt in ihnen womöglich das echte transformative Potenzial der SDGs. Die Autor(inn)en der *politischen ökologie* leuchten verschiedene Dilemmata genauer aus und zeigen, dass das Wahrnehmen und Sichtbarmachen von Zielkonflikten auch eine Chance darstellt, um die nötige Transformation von Wirtschaft und Gesellschaft voranzutreiben.

Die ***politische ökologie*** (Band 170) erscheint im Oktober 2022 und kostet 18,95 €
Print-ISBN 978-3-96238-399-2, ePDF-ISBN 978-3-96238-960-4